木　梨　憲　武　っ　て　!?

木梨憲武

「シアワセの天才」
ノリさんが語る、
人生を100倍楽しむ方法

KKベストセラーズ

はじめに

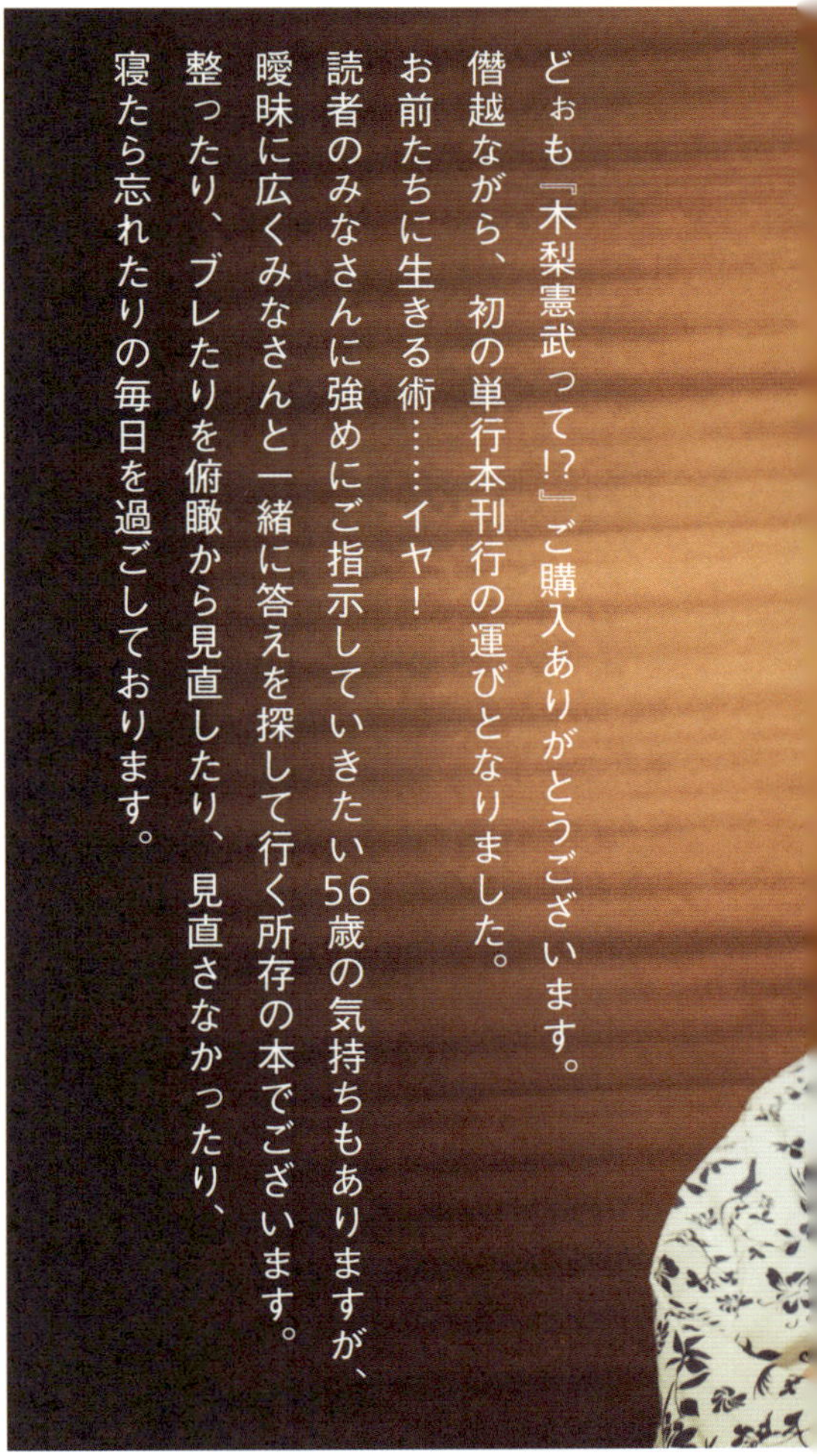

どぉも『木梨憲武って!?』ご購入ありがとうございます。
僭越ながら、初の単行本刊行の運びとなりました。
お前たちに生きる術……イヤ!
読者のみなさんに強めにご指示していきたい56歳の気持ちもありますが、
曖昧に広くみなさんと一緒に答えを探して行く所存の本でございます。
整ったり、ブレたりを俯瞰から見直したり、見直さなかったり、
寝たら忘れたりの毎日を過ごしております。

日々、仕事に勉学にご多忙つかまつってると存じますが、
お手すきの時にこの本を覗いてみてソウロウ。
我輩は木梨憲武。
木梨憲武って何?　OPEN!

木梨憲武って!? 目次

ノリさんのハマリモノ

シンプル

何事もシンプルが一番だよね。例えば洋服であれば、10～20代のころ、いろんなのを試してては失敗して。その結果、行き着いたのが帽子にTシャツ、そしてジーパン…と、夏の短パンで。ちょっとしたパーティーとかレストランではシャツを羽織ったり。ジャケットを着たり。そうすれば大体のシチュエーションはOKだし。ほかは、もう何にもいらない。歳を取るごとにシンプルになってる気がする。

着こなし？　サッカーのユニフォームとパンツ、ソックス、スパイクの組み合わせと一緒よ、一緒。1974年の西ドイツ（現在のドイツ）ワールドカップで優勝した西ドイツ代表なんてカッコよかったもんな～。緑（ユニフォーム）×白（パンツ）×緑（ソックス）と白×黒×白の2パターンあって。上から下までの色目が、今見てもキレイ。

そういうのもあって、普段も全体を白、黒、紺の2～3色くらいで抑えつつ、帽子とズボンの色を合わせて。遊びでネクタイと靴の色を合わせるとか。サッカーで覚えた感覚が、今も俺の着こなしの基本かな。

サッカーといえば、ジャージ好きなところも、今のスーツ好き、セットアップ好きに引き継がれてる…気がするし（笑）。結局は、シンプルに。自分の原点みたいなところに戻るんだろうな、きっと。

飽きない

飽きない。考えたら、これってすごくない？　洋服でも同じで、飽きない＝「長く愛されてる」ってことだし。飽きない＝「シンプル」。いろんなものを試して、結局はそこに戻るものだったりもする。

食べ物がわかりやすいよね。〈サンヨー食品〉さんが世界に誇る「サッポロ一番」なんて、今でも週に2〜3日は食べてるし（笑）。焼きそばは「ペヤングソースやきそば」〈まるか食品〉。たまに、無性〜に食べたくなる〈吉野家〉の牛丼もそう。毎日食べても全然、飽きないものって、みんなシンプルの極み。「余計なことはやってません」って潔さがいい。

新発売の即席麺も旨いんだよ？　でも「毎日」となると…やっぱ「サッポロ一番」になっちゃう。聞けば、しょうゆ味の麺には最初から醤油が練り込まれてたり、みそ味はスープが染み込むように楕円形になってたり、麺ごとに違う工夫がされてるんだって。

シンプルであるがゆえの、そのこだわりたるや！　みんな知ってた？

幼稚園のころだったかな？　「サッポロ一番」のしょうゆ味が登場（1966年〜）して以来、木梨家はコレばっか食べてたし。〝舌〟がそうなっちゃってるっていうのもあるんだろうけど（笑）。旨いものが溢れてる今の時代、なぜかそこに戻っちゃう、この不思議。

何だかんだで、自分の育った環境とか、青春をともにしたものがしっくりくるんだろう

ね。どんなに歳を取ろうと、昔よりいい暮らしになろうと、その人の本質みたいなもんは
そうそう変わらないってこと。
しかし、何につけ新しいチャレンジも！　了解!!

美しい

よりよい1日を迎えるために、5〜6年前から始めた朝の掃除。

ウチの庭の木が育ってきたこともあり、秋になるとその落ち葉が人んちにご迷惑をおかけしてる状態がず〜っと気になってて。それが掃除を始める、きっかけっちゃきっかけになったんだけど、これがやってみたら案外楽しい、気持ちいいで、結果ハマっちゃったという。

　ホウキ使いの達人に出会ったのも、ちょうどそのころ。たまたま取材で行った明治神宮で、参道を掃除してるオジサンの職人技に感動しちゃって。

　何がすごいって、まずホウキからして違うの！　持ち手の柄の部分が、市販のホウキの倍くらい長くて。穂先も何だか柔らかそうで。オジサンが言うには、長年の掃除経験から編み出して作ったオリジナルなんだってさ。

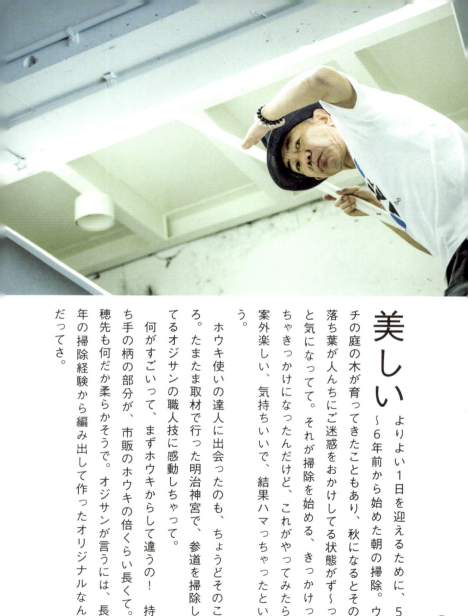

で、コイツを使って〝シャン、シャン、シャン♪〟って感じの心地いい〜リズムで砂利を均しながら、器用に葉っぱを寄りわけてって。なおかつ、参道のセンターに葉っぱを集めつつ、右と左で参拝に行く人と帰る人の道を仕切ってく。動画サイトに映像があるハズなんで、見てほしいな〜。あの技術、リズム、美しさを！

そんな光景を目の当たりにして、「やってみたい！」ってなったのも、掃除を始めたきっかけの一つで。いつの間にやら、毎日の日課に。達人レベルはムリでも、我ながら「よくできたな〜」って満足した日には、キレイになった道を見渡して、一人ニヤニヤしながら、次は水撒き！　そんな充実感、達成感もたまらない。そして今日の1日がスタート！　よーし、いい感じ。

てな具合に、たまたまハマった掃除ですが、世の中には、まだまだ楽しいことがたくさんあるハズ。今は気づいていないだけで。そう思うとワクワクするな〜。

時間

歳とともに時間の使い方が変わってきた。ウチの前の掃除をし始めたころかな？　仕事に行くまでの時間が楽しくなったし、そんな時間を大事にするようになってきたよね。

いいよ、掃除！　まず、人間模様がいいのよ。ご近所さんとの会話もあれば、走ってる人、犬の散歩をする人たちを眺め。何年かやってるうちに、2〜3日姿を見ないだけでその人の調子が気になってきちゃったりして。「風邪でもひいたのか、旅行なのか」…。きっとね、向こうも俺を見かけない時は気になってると思うんだ。

うーん、都会では減ってきたと言われる、このご近所との関係。季節の景色を見ながら感じる〝わびさび〟。こういう日本ならではの情緒がわかるようになったのも、50代になったからこそ。うーん！　ジジイ、スタート!!

もちろん、最初のころは探り探りだったよ。〝自分んちの両サイド（お隣）の、どのへんまで掃けばいいか…？〟とか考えたりしてたのね。やり過ぎるのも何だろうから、2枚くらい葉っぱを残したりして（笑）。

たま〜に、どこかの人がウチの前も掃いてくれる時には、心の中で「あざ〜す」とか思いながらも、「掃除する葉っぱ1枚も残ってない…」ってガッカリしたり。逆に、二日酔いの朝とかヨロヨロで外に出て行った時にキレイになってると、「助かった〜」って感謝したり。　そういう、やり過ぎずやらな過ぎずの加減を探りつつ、そこから挨拶をするよ

うになり。そのうち、ご近所さんとのちょっとした会話が始まって。
ついには先日、お隣さんの林さんをテレビ（『おかべろ』）にお呼びするまでに（笑）。
今は、私が枝切り係。林さんは、ゴミ袋係に。そして休憩にカルピス!! 〝やっと本当のお隣さんになれたんだ〟。そんなささやかな喜びがあった。えー、話や！

ベース　昔と今

男の憧れ、俺の秘密基地。「自分の居心地のいい場所を作る」ことはできるんじゃないかな。

まず、机周りから始めるってのはどう？　で、その机に合うイスを買い、文房具だとか、机の上に置くものを揃えてって。そこから時計とかフィギュアとか、自分の好きなものを並べる棚を選び。余裕があれば、照明とかにも凝って…ズラッと並んだ好きなものを眺めなら酒を飲む、みたいな。

究極の基地は、コタツだから（笑）。とりあえずは、そういう机周りから始めてみればいいの。仕事を忘れて一人になれる、自分が心地よい場所さえあれば、それでいいんだから。

狭い広いも関係ないね。「えーと、ココにアレを置いて…」、「次は何と何を買い足して…」って考える楽しさは一緒だもの。

かく言う俺も、（父）作三さんが階段下の三角スペースに作ってくれた基地に始まり。〝洋モノ〟の部屋に憧れて四畳半を改造したり。お金はないし、そもそも4畳半しかないから、やれることはものすごーく限られていたんですが、「どんな部屋にしよう?」ってイメージしてる時間が一番、楽しかった気がする。住めば都とはよく言ったもんで、狭いなりに、なんか幸せだった。

だから基地に限らず、「自分が置かれた環境で幸せを作る」ことが大事! ……あれ、今なんかいいコト言ってるモード!! ビールケースの上に布団を敷いてベッド完成!! また寝てみることにする!(笑)。

スマイル

1日を気持ちよく過ごす。そのために大事なのは、やっぱ笑顔ですよ。例えば、ゴルフ。最初にキャディさんに笑顔で「よろしくお願いしま〜す」って挨拶をする。笑顔と挨拶。されてイヤな人なんて、まずいないものね。コレでその日のラウンドは大体、大丈夫。

逆に言うと、不機嫌にならない。これも大事ね。いるんだよね〜、自分の調子が悪いからって急に無口になったり、〝人のせいに！〟の人。

あと素人が素人の話を聞くっていうのも余計わかんなくなって、ついつい笑顔を忘れ混乱！　が始まる。

そして真顔になるだけならまだしも、一緒に回ってる彼女が「言われなくてもわかってるわよ！」なんて怒り出したりして。ケンカした挙句、帰り道で別れちゃったり（笑）。そうなると、もう目も当てらんない。

何の話だっけ？　そうそう、笑顔と挨拶ね。笑顔も挨拶も、しつこいくらいにやればいいの。やるのタダだし。「今日はありがとうございました」と笑顔で終わり、次の日は「昨日はありがとうございました」と笑顔で始まる。そうすると周りも笑顔になれる!!

反省

とんねるずを結成してしばらくは実家暮らしだったから…21、22歳くらいのころかな？　ずっと憧れてた念願の一人暮らしを始めて。

とはいえ、お金がないもんで、思い描く部屋のイメージとご予算のギャップに「何か違うな～？」って思いながらも、自分なりに工夫して。でも、遊びに来た友達とかに何か意見を言われるたびに、そっち側へと転び。〝洋モノ〟に憧れてた中～高校生の時にやりたかったアメリカンな理想を叶えるのか。はたまたバブル当時、流行ったモノトーンで攻めるのか…だんだんブレブレになり。結果、家具とか揃えてはみたものの、チグハグな部屋になってしまい、「すみませーん、私が間違えてました！」、「もう勘弁してくださーい」みたいな（笑）。若き日の、そんなホロ苦い思い出…。

思うに前から持っていたものと、新しく買ったものとのバランスが悪かったんだよね。だって、四畳半の部屋にワケのわかんない難しそうな映画のチラシとか並べては、〝俺は映画に詳しいぞ〟アピールをしてたはいいけど、そもそもその映画、詳しくないし。俳優の名前すら知らないし（笑）。

畳敷きの部屋に「LARK」のごみ箱とか置いて、ムリからアメリカ風にしてた時のチープな家具と、シャレオツなモノトーンの家具が上手く交わるハズがないんだもの。自分が本当に好きな感じが、まだわかってなかったんだな〜。

ようやくそこに行き着いたのは、ああでもない、こうでもないと10年近く失敗を繰り返してから。洋服もゴルフも仕事も。反省と失敗あっての今なんだな〜と改めて。うーん、その時はわかんねーし。よし、次に向かうべ!!

睡眠

ここ何年か深酒をしなくなったね。ていうか、「しない」じゃなく「できない」(笑)。ほら、歳を取るとさ、睡眠欲が一番になってくるから。でも、勝手に早く起きちゃうもんだから深い眠りも得られないときた。体力的に深酒ができなくなってきた上に、深く眠れない。うーん、困ったもんだ。

若いうちは「寝る時間がもったいない！」って感じで、むしろ寝てないくらいがテンション高い時もあったけど、さすがに、もーうムリ！

早朝ゴルフへ出掛け、その合間にちょっとだけ仕事をして(笑)。仕事が終わると大井競馬場のトゥインクルレースへと向かい。「ハイ、今日も仕事、カラオケ〜」って酒を飲み。ふらふらになりながら帰って、翌朝もゴルフに…。毎日がその繰り返し。若くて体力があり余っていたとはいえ、そんな生活、よくやってたなーと思うもの。

それが今では、早い時は夜8時に寝て、朝の3時起き！　テレビも前の日の番組〜！お茶飲んで、コーヒー飲んで、絵を描いて。『モヤモヤさまぁ〜ず』の録画を見ながらもう1回寝る、生活になりました。

でも、そのおかげで若い時にムチャやってたわりには今のところ健康。朝の掃除の楽しみも知れたことだし。まー、よしとするか。寝る子は育つ！

餅屋は餅屋

長いことテレビの世界でやってきて思うのが、コレだね。こういう本を作ってても、あしよう、こうしようってイメージはあっても、最後はその道のプロにお任せする。いい気にさせてもらいつつ、自分の持ち場を全力でやる。それが一番。いいものが生まれるのは、そんな現場だと思う。

ただ一応、40年近くこの世界でやってきたからね。自分がその場その場で何を求められているかは何となーくわかってるつもり。時々「やりすぎかな〜」って思うこともありますが(笑)、とりあえずはやってみる。やってみる努力を…一応は、してみる(笑)。

もちろん、やるだけやって使われないこともあるよ。むしろ、そっちの方が多いんじゃないかな？　でも、あとはプロの仲間が面白くしてくれる。そう信じてる！

自分の答えに自信がある時は、相手にニュアンスを伝える!!　わかり合える！　信じ合える。笑い合える、につながる。♪ハッハッハッハッ…。

ノッてる感

遊びも仕事もノッてないと面白くないし、いいものは生まれないんだよね。そりゃあ、くたびれてる日もあるよ？　でも、常に〝ノッてる感〟は出したい。

そうするうちに、本当にノッてくるから不思議で。いつの間にか周りも引っ張られて、全体がノッてくる。ついついその気にさせられちゃう。

前にニューヨークで個展をやった時も（２０１５年）、出たもんね～。日本とは違う意味での〝ノッてる感〟…いや〝Ｎ・Ｙ・感〟が（笑）。もうね、ロケーションがいいと自分から「出す」んじゃなく、勝手に「出てくる」ものなの。

きっと今度のロンドン（２０１８年６月）でも出るよ～、〝ＬＯＮＤＯＮ感〟。そうなれば、俺がどうこうじゃないしね。勢いというか、いい流れができちゃうんで。そこに乗っかってけばいい。

「おやおやおや？　俺、大丈夫…？」って周りの様子を伺いつつ、〝ノッてる感〟を醸し出す。遊びはともかく、仕事の場合は、それくらいがちょうどいいのかも知れない。

何の世界でも、そこを突き抜けられる人は別だよ？　〝調子に乗ってる〟を超えちゃって、ズドーンと！　うらやましいよね、限界のない人。そうなれたら最高～!!

その世界を目指しつつ、〝ノッてる感〟出したいね！　突き抜けるまで！　みんなも出してみて!!

大体

成美さんいわく、俺にはいくつかの口癖があって。その一つが「大体」らしい。「大体、行けるから」、「大体、大丈夫」、「大体、任せろ」。

確かに、よく言う。

何かと真面目過ぎると言われがちな日本人。「大体」でガンガンいっちゃう人ってあんまいないから、それはそれでうらやましいんだってさ。

「大体」。それはリンキオウヘン!?

勇気＜平気

成美さんがおっしゃるには、どうやら俺は「人とは〝平気具合〟が違う」そうで。遊びに仕事。わりと〝緊張しい〟な成美さんにとっては、何事も「平気、平気」って言ってる俺が信じられないみたいだね。

なにせ、緊張することがほとんどないから、俺。

この前やったライブ（２０１７年５月開催『お客様参加型ライブパーティー 木梨憲武と感じだしまショー！』）の時もへっちゃらだったもんな～。全然、緊張しない。むしろハラハラ、ドキドキが楽しい。

リハーサルから本番直前まで、ずーっと「平気、平気」。本番中にトラブルがあっても「大丈～夫、平気、平気！」って言ってた。

俺からすれば「平気」でも、周りはアタフタしてることがあるんで、本来はそっちに合わせるべきなんでしょうが、それはそれ。頭の中のイメージに向かってるだけ！「平気」で押し通してるうちに周りも引っ張られて、ノッてくると思ってるから。そして、いいムード！

そうする中で生まれるのが、いわゆるライブ感。一発勝負だからこその面白さ。テレビでも、それが一番大事な気がする。勇気より平気が強い!!

自分で聞いてみた、お言葉頂戴シリーズ（木梨憲武って!?）

フレームに収まらない被写体――内山雄人／制作屋さん

ブランブランしてるけど芯のある人――川端健嗣／大卒を自慢する人

やさしい悪魔――千佐隆智／セイノナナ屋さん

天才――保科卓／家具屋さん

楽しそうなおじさん――長男

道化師――次男　ふざけてる――長女

盛り上げ隊長――安田成美／木梨成美

息子だよ――木梨さと子／自転車屋さん夫人

息子だね――木梨作三／自転車屋さん

子供の頃のどうしても離せないおもちゃ！――笑福亭鶴瓶／落語屋さん

真面目で義理堅い人――岩上祥一郎／コーヒー屋さん

遊びの天才――勝俣州和／旅サラダ屋さん

ふざけすぎる人――勝俣夫人

存在が仕事になる男――水谷 豊／右京さん・監督

関節王――栗山圭介／永ちゃんのマネする人

愛すべき油断大敵表裏一体――元ランちゃん

自遊人――武田哲治／出世を嫌がる人

電気製品が壊れたら、とりあえず叩いて直す人――北原克信／電気屋さん①

笑顔の中心の人――横田朋美／上野毛のおばさん

自由――ヒロミ／リフォーム屋さん

洒々落々――古川文夫／甘いもの買ってくる人

笑神――伊代夫人

…でかいよね――三村マサカズ／ポンコツおじさん

運転のコントロールがきかないイカした暴走車――古川良一／板挟み屋さん（この本）

味のなくならないチューイングガム――藤井尚之／サックス屋さん

気まぐれな台風――藤井フミヤ／ボーカル屋さん

スター――矢吹俊郎／ギター屋さん

ハッピーマシーン――フミヤ夫人

風の羽根――伊達恵子／美術屋さん

歩くおもちゃ箱――フミヤ令嬢

人間ガシャポン――越智武彦／元ねるとん屋さん

永遠の中学生であり、ジジィでもある――武 豊／馬乗り屋さん

よき隣人――林 恭弘／お隣さん

そばにいるだけで楽しくなる――ジュンちゃん／竹山夫人

厚揚げ、ウインナー、ソーセージの類――所ジョージ／プラモデル屋さん

私を笑顔にしてくれる人――梅原明美／あっくん

優しいお茶目な兄貴――谷口鉄也／なんでやねんの人

穴だ。中を覗きたくなるが、困ったことに、
向こうからもこっちを覗いている。――秋元 康／睡眠2時間先生

飾らないー語らない――井村佳代子／カヨちゃん

予測不能なエンターテイナー――大久保篤志／スタイリスト屋さんボス

三歳児――大竹一樹／嫁にウラでとられる人

マルチアーティスト――井村優三／京都アート屋さん

何事もやりすぎな人――橋本達典／取材ライター屋さん

突然上京してくる兄――見栄晴／府中の人

034

遊びの達人――梶本 圭／大きいけど酒飲めない人

自由――大塚さん／フレンチ屋さん

当たる予想屋さん――横田謙二／電気屋さん②

憧れのおじさん――竹山隆範／部長っぽい

自由人――武幸四郎／飲み過ぎ屋さん

生まれ変わったらこんな男になりたいと思える人――松島正昭／京都車屋さん

残像笑顔ズームッ――渚あき／宝塚のアキちゃん

神がかった感のいい人――加藤 達／靴とカバン屋さん

出てくれれば笑わせてくれるマルチタレント――港浩一／元・港っち

大人の皮をかぶった子供――畠山洋一／企画屋さん

世界一せっかちな壊し屋アーティスト――長嶋一茂／長嶋茂雄長男

気さくなおじさん――小林夫人／すらっとしたヒロキ夫人

愛と創造――栗原 亮／帽子屋さん

水――甘木モリオ／やきとり屋さん

積極的な行動で人の心をガッチリ掴む人――鳥海節夫／現金支払い屋さん

マメな人――守谷 徹／ドレミファドン！屋さん

波を作れる人――梁取幸子／デザイナー屋さん

貝とハワイの大好きなアーティスト♥いつかハワイで一緒にスケートしたいです――佐野量子／プロスケーター

イーグル——畠山大／岩手のゴルフ人

いろんな色——千桜／ヒロキ長女

カンの人——佐野太一／ビールガブガブ

笑顔——長尾賢治／ずっとしゃべり屋さん

亭主関白——稲葉和久／板前屋さん

なんでも楽しむ、楽しませる天才——北一騎／メイク屋さん

みんなを
幸せにしてくれるペレ——ガンバ今野／W杯間に合わずの人

アクセル——太田一平／J担当・元T担当

テレビのまんま——杉田裕一／カメラ屋さん

ちゃんと気配りする猛獣——工藤浩之／Aスタジオ屋さん

スマート人情——坂田敦紀／仏壇・石屋さん

多才——藤本 聡／旅行のくせに下見だと言い張る人

何者なの？——清水雅行／シャンパンくれる店長

優しい太陽——小林博樹／ビール大好きな人

センスの塊のハワイ馬鹿——遠藤保仁／フリーキック屋さん

ハワイ好き、でした——ヤット夫人

アーティスティック——玄／ヒロキ長男

ワイキキ大商店街会長——まや／ハワイのことを知ってる夫人

そのまま——パト／サーファー

余白

「余白」って言葉、好きだね～。

思いがけない偶然と出来事。次にはもう同じものがでない、二度と見られないものが好きなんだよね。

「よし、そうきたか！」、「うわ～、どうしよう」っていう方がワクワクするもの。だから、いつも自分の中に「余白」を作っておく。心のスペースを空けておく。

何事も一発勝負。いかなる時でも対応できるよう、常に準備をする!!

I LOVE YOHAKU♡

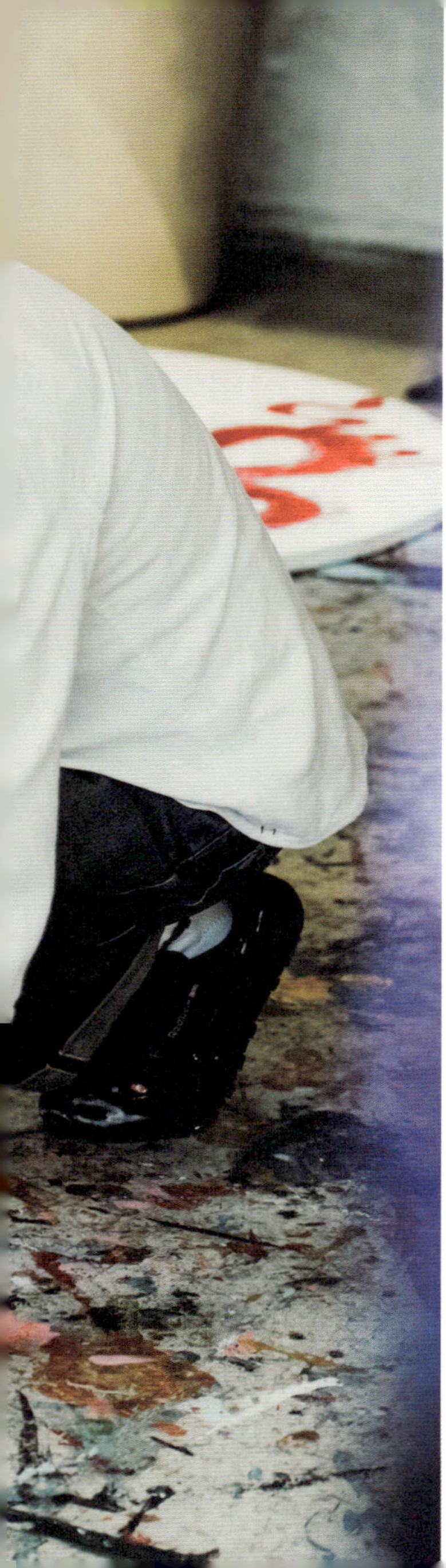

伝える

人に何かを伝えるって難しい。トーン一つで強めになっちゃうし。押しつけがましくなっちゃうし。ましてや、ボキャブラリーも文力（ぶんりき）もない私。君たちに一体、何を伝えられるのでしょうか？

何なら、伝わらない前提で話した方がいいかも知れない。結局、受け取り手も受け取り方も人それぞれ。

考えるな。感じろ。ｂｙブルース・リー。この本を面白がれ！　ｂｙ木梨憲武。

そんな程よい加減を探り探りしながら…今、この本作ってます（笑）。

ご指示

「ご指示を仰ぐ」。最近よく言ってるフレーズの一つですが、夫婦関係において、これって本当に大事だな〜って思うよ。昔で言う、尻に敷かれる…ってのとはちょっと違う、新しいカタチ。

一応、何事も好きにやらせてはいただきつつ、最終的に何か決断をする際は、チラっと奥さんの顔色を見て、それで判断する、的なね。

絵を描いてても、その絵が「あり」か「なし」かの判断は、それを眺めてるパートナー&プロデューサーの成美さんのちょっとした表情だから(笑)。

顔色をうかがってるわけじゃないんだ。もっと、こう…師弟関係に近い感じ。リスペクトがあるの。

で、顔色から読み取れない場合は、「まだまだ修行が足りません」って、もう一度、強めのご指示を仰ぐ。たまに、私も成美さんにご指示をしてみたりして!?

さっ、この本のゲラも一回、成美さんに見せて。ご指示を仰ごう。(成美さんが)舞台で忙しい時は自分なりにGOー!

ルーツ

私の父、木梨作三さんは、もともと静岡県は伊東の方の漁師の生まれで。そこから東京に出て来て、世田谷区千歳台の商店街に「木梨サイクル」を開き（のちに祖師ヶ谷大蔵に移転）、それが俺が生まれる前の年の1961年。

当時の木梨サイクルの1階は店と、木梨家の4人が暮らす四畳半の部屋があって。階段を上った2階の四畳半には、知らないおばあさん。知らないって言ったら失礼か（笑）。ウチのばあさんじゃない、よそのおばあさんと、武藤さんって家族。1軒の家に全部で3家族が住んでた。

ウチは店をやってて忙しかったから、お袋が言うには「あんたは武藤さんに育てられた」そうで。武藤さんちのタカちゃんってお姉ちゃんが、小さいころの俺の遊び相手。

その節は、大変お世話になりました。

あとは、近所の中島さん。武藤さんと中島さんが育ての親。そんな感じ。言ったら『三丁目の夕日』の世界。まー、〝ザ・昭和〟だよね。

で、階段下の三角のスペースに作三さんが俺の部屋…ちょっとした基地を作ってくれて。4畳半に4人で暮らしてたもんで、寝る時は、俺は店で寝て。チューブとかハンドルなんかの部品がビッシリと転がってるもんだから、足元に置いてある自転車のカゴに上手いこと折り畳んだ足を入れて寝る、みたいな毎日の生活！

勉強関係も、作三さんが教科書を置いとく棚とか、ランドセルを引っ掛ける金具とか壁に取り付けてくれて。「ずいぶん狭いけど、居心地のいい空間ができたね〜」って満足してた。

でも、狭いなんて微塵にも思わなかったな。それが当たり前だったたし。周りもみんな、そんなもんだったたし。それなりに幸せだった。なんか、ちょうどいいんだよね、四畳半って。

最近、真剣にそう思うもの。50歳も過ぎると動くのが面倒になってくるから、座っていながらにしてすべて手が届く、昔の4畳半の方がいいな〜って。

最終的には、作三さんお手製の階段下の基地に戻ってるんじゃないの？　結局は、そっちの方がしっくりくるんだな。

アレンジ

昔の「木梨サイクル」。おばあさんが亡くなり、もう一つのご家族が引っ越してから、ウチがそこを借り受けて。初めての自分の部屋をもらったのが、中学生のころ。

その時は嬉しかったよね〜。なにせ、それまで4人で暮らしてたのと同じ4畳半のスペースを独り占めできるんだから。「よーし、張り切って部屋作るぞ〜」なんて。

とりあえずは、キャンディーズとアグネス・ラムのポスターを貼って。『スクリーン』と『ロードショー』の付録に付いてた知りもしない外人の切り抜きを並べて（笑）。

机周りを、いい感じにアレンジしつつ。「うーん、最高だね〜」って、大満足してた。今と、まったく一緒だね。

そこからは、これも一緒なんだけど、ああでもない、こうでもないって部屋の模様替えにハマり。夜中に妹を叩き起こしては、ベッドとか机の位置を替えて。しばらくすると「えー、また〜？」とか妹に言われながらも、「うるせえ、早くそっち持て！」って手伝わせたり。タレントのプロフィールで言うところの、「趣味／模様替えです！」、みたいな状態（笑）。アレンジすると見え方が変わる！　そこに何かが隠されている。

ヒロミがリフォームして、私が模様替え！　会社入れてもらうか？

自由演技

小学校の卒業アルバムの集合写真で、一人だけ変なことやってる子どもがいて。それが何を隠そう、この俺（笑）。『いなかっぺ大将』で流行った「どぼじて、どぼじて」ポーズも凛々しい木梨憲武、12歳。

思えば、小学生のころの憧れのヒーローといえば〝大ちゃん〟こと、風大左衛門。当時はウルトラマンと仮面ライダーの全盛期なんで、そこからしてちょっと変わってる子どもだったんですが、「人とカブらない」ことをよしとする、自分の本質みたいなものは、今と一緒だな〜と、しみじみ。

この写真を撮る時も、「風大左衛門なら、まず人とはカブらないだろうな」と思ったことを覚えてるし。子どもなりに周りに目を配らせて、ちゃっかり計算してた。一番大事な写真に懸ける意気込み、妙な自信もあったよね。みんなスペシウム光線とか変身ポーズをやってくると踏んでたから、その逆を狙う。競馬で言う、穴狙い。いざフタを開ければ、俺以外は誰一人やってなかったんだけど（笑）。その「何かやってやろう」の精神は褒めてあげたい。

ふざけすぎて先生に怒られます。みんな真面目になります。撮る間際に、先生からカメラマンさんに主導権が移ります…からの、ギリギリの自由演技ね（笑）。

先生がカメラの方を向いて、シャッターが下りるまでの間、ほんの5秒間くらいのタイミングを見計らっての風大左衛門。お見事！（自画自賛）自由演技。

子どものころやってたことが、そのまま生かされて。ましてや仕事になるなんて。ありがたいっす！　あ!?　クラスのみんな元気？　みんな56歳だね。

マニュアル

マニュアルどおりにやって上手くいくと、最初のうちは「なるほど～」って感心し、覚えていく！　また次の新しいマニュアルを見つける、覚える、身に着ける。

世の中がちゃんと回るためには規定演技が必要なんですが、私は係の人にお任せして。我々…我々って一緒にしちゃダメか。人それぞれだから。自分の演技探し。そこに個性が生まれる！　その個性が自分のマニュアルだ!!

私は、これからも自由演技１本で行かせていただきます。えーっ!!　なんだ、この話ー!?

形から

コレ、案外大事！　帝京高校サッカー部の時代は、憧れてた早稲田（一男）さんって先輩の真似ばっかしてね。まずは、ジャージとかの着こなしを真似て。ドリブルにフェイント、プレー全部を真似るようになって。そうするうちに、当時最強の名を欲しいままにしていた帝京の中では、ごくフツーの選手だった俺が、そこそこ上手くなっちゃったんだから！（笑）。

ゴルフであれば、タイガーウッズ。タイガーが使ってるクラブがいい、ヘッドカバーがいいって聞けば、同じヤツを買い。使いこなせてたかどうかはわからないけど、それ持ってて恥ずかしくないように練習する、みたいな。

洋服だってそうじゃない？　いい靴を買ったら、それに合うようにお洒落を磨くわけで。とりあえず、上手い人、カッコいい人の真似をしてみる。

何事も「形から」。そして「中身」。「技術」へと…。

段取り

友達か誰か詳しい人に聞いて、まず覚えたいのが、ゴルフ場の段取り。俺が20代の半ばくらいで覚えたゴルフを、今20〜30代の後輩たちが始めていますが、コレだけは強めに言っておきたい。現場でオロオロしないよう、早く覚えなさい！

まず、クラブハウスに車を着けました。靴とクラブをトランクから出します。車を駐車場に入れます。ジャケットが必要なゴルフ場もあるから、念のため着ておきます。着替えます。ご飯を食べますor食べませんの、人それぞれの判断を見る。…で、ようやく第一段階。コースに出たら、キャディさんとの会話、マナー。後輩としての立ち振る舞い。先輩の盛り上げ方…これが第二段階。ココらへんの詳細は、今度ハウツーDVDにするから後ほど買って見てください。「ゴルフ中の段取り編」。

あと、最後は打ち上げね。行く人によって、この人とこの人は、この間こうだったな。ココとココはちょっと距離を離して…とか。最初の店の予約、二次会、三次会の目星をつけておくのと同時に、行く先々での席順の段取りも考える。

奥さんが同伴するパーティーとか誰かの誕生会なんかは、この席順がものすごく大事になってくるから！　気を抜いてはいけない!!　どんな設定でも対応できる自分作り！

季節、天気、その日の気分。すべて考えて抜かりなく準備するべし。目指せ、段取り名人!!　しかし、段取りは段取り。反応せよ！

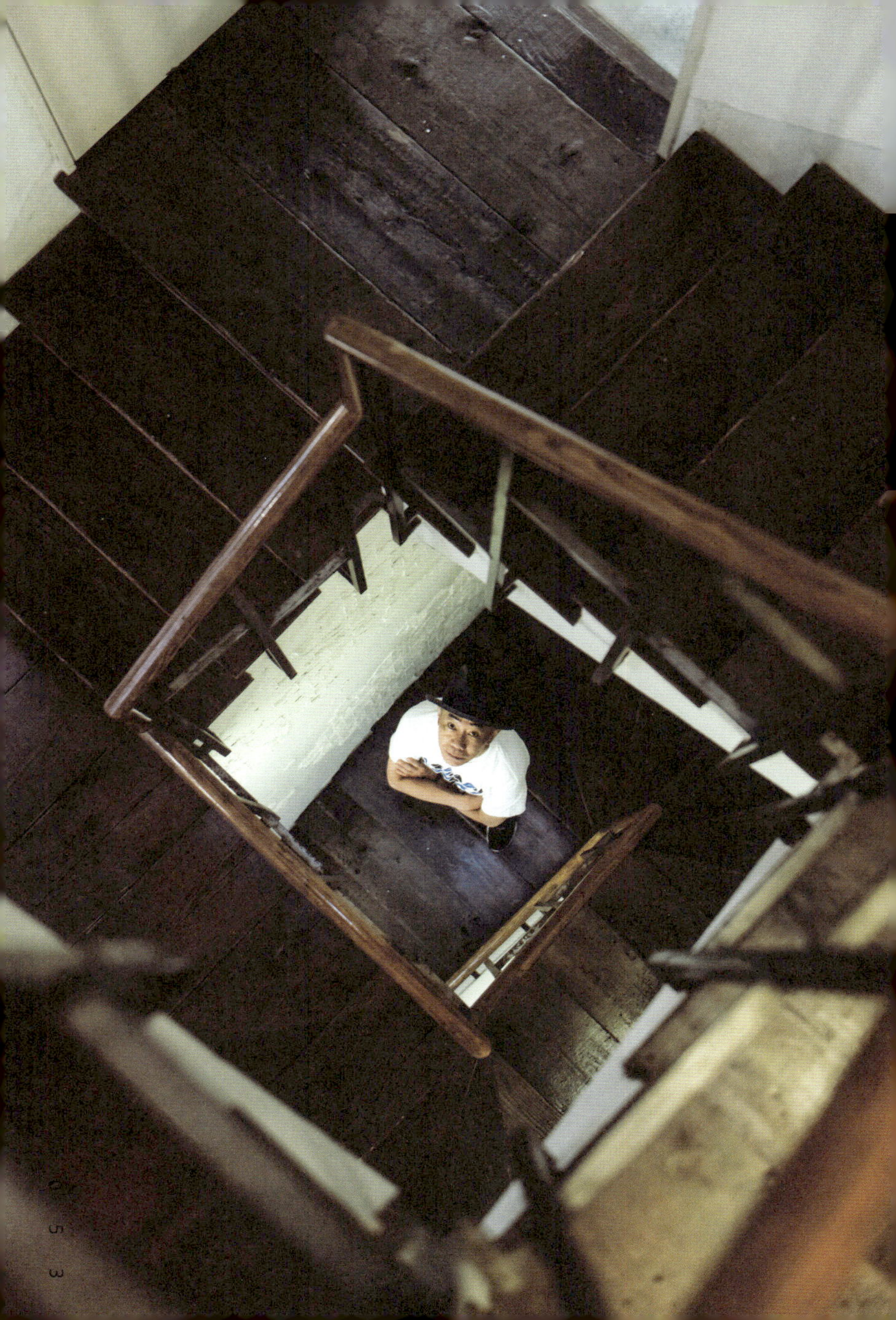

シミュレーション　彼女編

デートシリーズで言うと、ドライブに食事、旅行でも何でも、段取りが悪いとケンカの原因になっちゃう。

オロオロするのが一番ダメね。「あー、この人ダメかも」ってなっちゃうし、その場の空気も悪くなるし。女のコは、そういう男が一番キライだから。

誰とどこに行き、その道中をどう楽しみ、どう過ごすかが大事！

団体シリーズの場合でも、どんな打ち上げをしたら「いい1日だったな～」って終えられるか。そういう人づきあいとかマナーとか、盛り上げ方、盛り上がり方。まずは自分が楽しみ、周りも楽しませる的シミュレーション。…あっ、ちなみに家では、成美さんから「盛り上げ隊長」と呼ばれてます、ハイ。がんばります!!

喜び

当時の帝京高校サッカー部は、3年生には俺の一番の憧れだった早稲田一男さんに、のちに全日本（日本代表）にも入る宮内聡さん。高校サッカー界のスーパースターがズラリと並んでて。『サッカーマガジン』とか『イレブン』で見てたみなさんが目の前を通り過ぎるだけでドキドキしたし、夢のような気分だったよね。

そんな雲の上の存在だった先輩方のスパイクを磨ける喜び。そこから「コイツはこういうヤツ」だと少しずつ知っていだたいて。やっと名前を覚えてもらえる。最初に「木梨」って呼ばれた時の嬉しさといったら。思い出すとニヤニヤしちゃうね。

今でも、ドキドキはあるよ。水谷（豊）さんや奥様の蘭さんとフツーにお会いしながらも、どこか不思議な気分で。『傷だらけの天使』の亨と、大好きなキャンディーズのランちゃんが目の前にいて、俺と話をしてる。

いや〜、15歳の俺に教えてあげたい！　名前を憶えてもらう動き。いい感じ出してみては？

先輩

テレビの世界に関わる諸先輩方、アニキたち。56歳になってても「ハイ！」、「わかりました」って、背筋が伸びるみなさんがいらっしゃるって幸せだな〜って思うよ。

会社勤めしてる人で56歳だと部長さんとか？　もっと偉いか。それなのにADとなって店を予約し、その日の段取りを考え、「今日はありがとうございました」ってお見送りをする。そういう初心に戻れる人たちが周りにいてくれるってありがたい。

まー、酔っ払うと、そんなの忘れちゃって。先輩のことをイジったり、寝ちゃったりするんだけど（笑）。

憧れの人からの指導を何気なく頭に入れる！　憧れの人の話は不思議と頭に入る。インプット!!　ありがとうございます、先輩たち。

そういう先輩がいるかな？　ｙｏｕ。

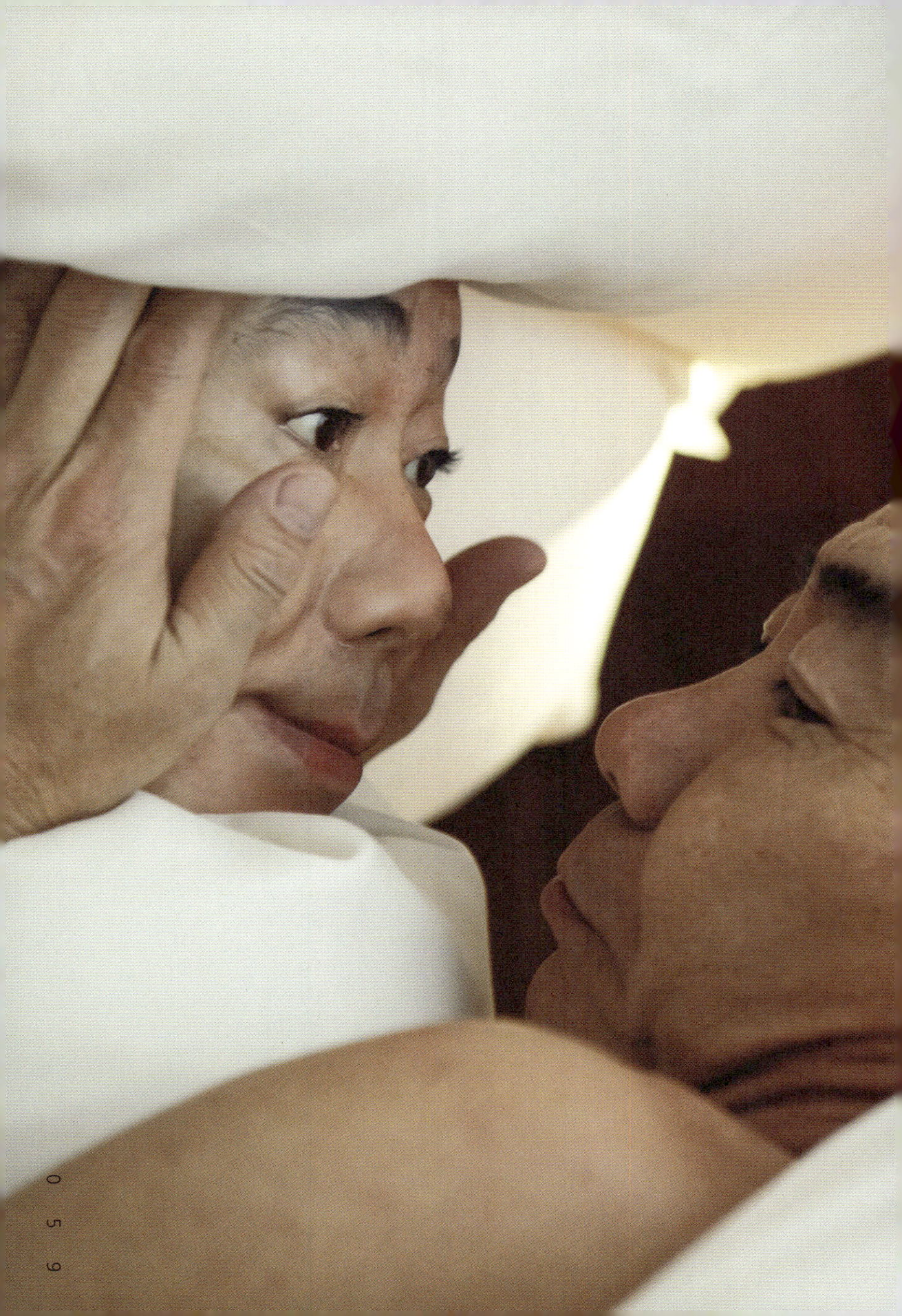

ハッタリ——根拠なき自信

帝京高校サッカー部は、当時100人超えの大所帯。レギュラーは11人、（全国高校サッカー）選手権とかデカイ大会の登録選手は18人という狭き門。

その中でどう生き残るか。「やべ〜、中盤すげー人数いるしやめとこう」とか「サイドバック流行ってねえから、そっちなら出れるかもしんねえ」とか。何とか18人に選ばれようと、いろいろな作戦を練ってたよね。

監督に「誰かサイドバックできるヤツ？」って言われたら「ハイ！」って速攻、手を上げて。サイドなんて今までやったことないのに（笑）。

だって仕方ないじゃん、同級生には全日本（サッカー日本代表）にも入った名取篤に、三菱（現在の浦和レッズ）に入った川添孝一、競輪選手になった小門洋一とか超高校級の選手がいっぱいいいたんだから。

「左蹴れるか？」って言われたら、蹴れもしないのに「ハイ！」。いざ、蹴る段階になったら、あらゆる小芝居をこいて（笑）。少しでも上手そうに見せて。「なんだ、左蹴れねえじゃねえか、バカ野郎！」なんて怒られたら「いやいやいや！　ちょっと待ってください」。「今日はアレですけど、明日明後日くらいには蹴れますから！」なーんて。

テレビの世界に入っても、できないのに「できます！」。「明日はできます」ってのは一緒（笑）。サッカー部時代の、できなくても「どうにかする」精神は、その後の人生でも大いに役に立った…気がしないでもない（笑）。

要は、ハッタリ。でも、これって大事よ？　どんな仕事でも多少のハッタリをかましつつ、最後に結果が出ればいいんだから。そこで黙ってるか。できないのに自信満々で「ハイ！」って手を上げるかで、きっと何かが変わる。

ハッタリだけで終わって、「すみませーん」。土下座。「明日はできるさ」と…続く!!

やらないよりやってみる。グイグイと。

俺の らくらくホン、公開！

成美さんとハワイ

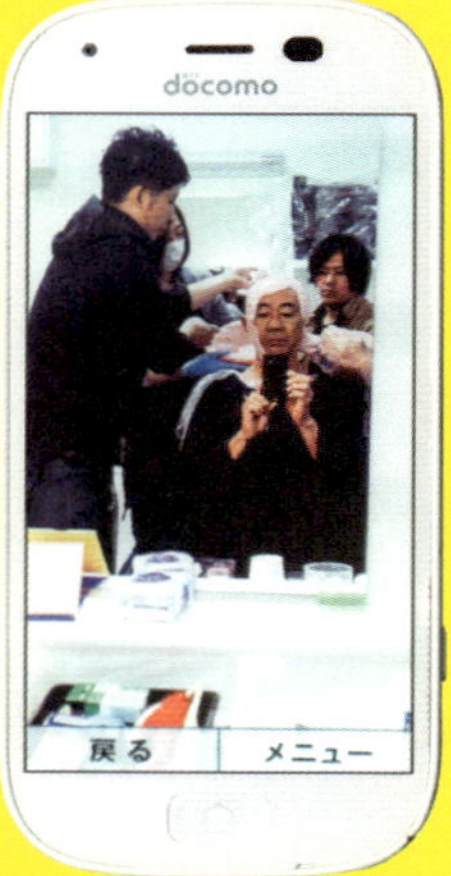

『いぬやしき』のデータ型どり

ハートに見える榊

ノリ、蝶になる。N.Y. 編

木梨家の墓参り

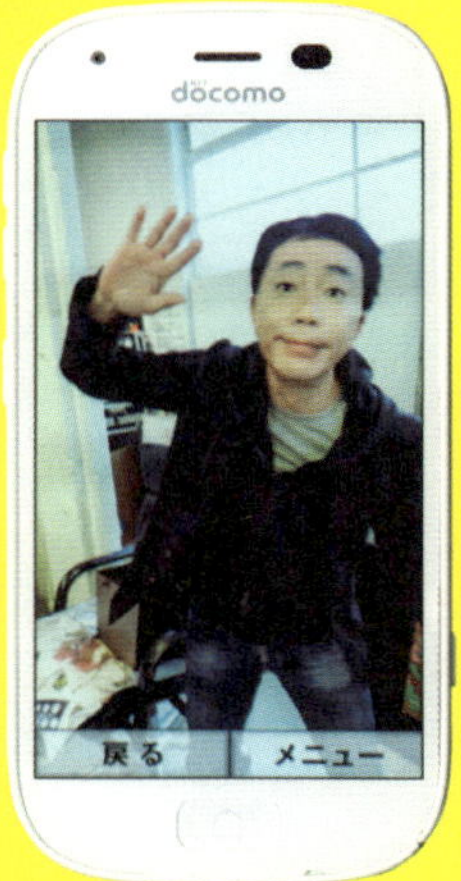

お面をかぶっている水谷豊さん

友達になった蝶々

緊張

野球部とサッカー部。高校の部活がスター揃いだったせいか、学校の外で緊張するってことがあんまなかったな。

毎日のように、グラウンドでスター軍団に会ってるから、全然ビビらない。貴明も俺もちょいちょいオーディション番組とか出てましたが、緊張した記憶が一切ないし。

『お笑いスター誕生!!』なんかは、落ちたら終わりの一発勝負の中（「貴明&憲武」時代から幾度も挑戦、1982年4月10日には念願の10週目に合格し、グランプリを獲得）、2人して部室のノリでワイワイやってるから、審査員の人たちに面白がられてた。

やっぱ、そういうのって見る人にも伝わるじゃない？　高校出たばっかで、ボケやツッコミとか何かも知らない若造が、なんか意味はわかんないけど、楽しそうにやってる部室芸。

時代のノリとか空気、テンション。いろんな要素が絡み合いつつ、まずは自分たちが楽しんでるところが評価されたんじゃないかな。

…って、あ〜、懐かしいですね!!!（振り付けアリ）。

鍛錬

取材とかで、よく「国立（全国高校サッカー選手権）のピッチに立ったんだから、さすがに度胸がつきますよねー」なんて言われるけど、「いやいやいや！」って。国立出てねーし。俺、登録から外されてスタンドだったし（笑）。

東京都予選のベンチメンバー18人には選ばれて、準決勝、決勝と途中出場しましたが、本当の意味での大舞台は経験してないし。

でも、1年生からして、各都道府県で一番上手い連中が帝京サッカー部には集まってて。それこそ番長ばっかの中、世田谷区の選抜かなんかに引っかかるかどうかくらいな実力の俺が、一瞬とはいえ18人に入れたのは、我ながらエライ（笑）。

後々、サッカー番組で当時監督だった小沼（貞雄）先生に話を聞いたら、「お母さんが一生懸命やってくれてたから、試合に出してあげないと」…お袋に悪いと思ったらしく。「ちょっと待って先生、最高に面白いけど、番組でそういうの言わないで!!」みたいな、みたいな（笑）。

まー、とはいえ、体力面、精神面、仲間、上下関係、部室でものまねとか披露してたお笑い方面？　いろんな意味で鍛えられたのは事実。ありがとう、サッカー部！

スポーツ

子どものころから基本、サッカーしかやってないんだよね。最初は世田谷区は塚戸小学校の仲間と始めて。その同じメンバーで、バレーボールもやってて。確か都大会だったかな？　優勝したりして。

俺に限らず、何やっても運動能力の高いヤツらが集まってたんで、野球やってもそこそこできたし。当時から『とんねるずのスポーツ王は俺だ！』をやってた感じ。

そのうちサッカースクールに通いだして。そこには脚本家の三谷幸喜さんがいたり。三谷さんのネタになってますが、俺は2軍で、三谷さんは13軍（笑）。

で、進学した千歳中学校でもサッカー部に入り。テレビで（全国高校サッカー）選手権に出てる帝京を見て、「わー、ココだ〜！」となり。無謀にも行っちゃうわけ。もうね、燃え上っちゃってるから、止まんないのよ、勢いが（笑）。

その時の千歳中の仲間の一人が、今日本サッカー協会にいて。俺は帝京の補欠。そいつは都立駒場高校でキャプテンになって。

そして3年生のころ、選手権の東京都予選の準決勝で都立駒場と当たるんだ。俺も後半出してもらえたから、グランドで再会してね。「うい〜す」。「わ、出た〜」なーんてね（笑）

小学校、中学校、そして高校。そういう一流の仲間の中にいさせてもらったことが、俺の自慢であり、なんて言うか…恥ずかしいんだけど、誇り？　いや〜、幸せな時間を過ご

させてもらいました。思い出すな〜、練習中でのマラソン中、タクシーに乗ったっけ（笑）

確認と見極め

高校3年生のころには、レギュラーに入る入らないに関わらず、大学に進学してサッカー続けるって選択肢は考えになかった。

先生「大学でサッカーするのか?」、私「いえ、働きます」と。

自分の身の程を知る。17歳でそれが確認できたのは、よかった。

じゃあ、才能がないなりにどうすればいいか。どこなら勝てるかを考えるべし!!

なーんて真面目に語っていますが、もう1回、大学に行って1年生でパン買いに行くのがイヤだったという。本当の話(笑)。

出会い

親父が自転車屋で、車とかバイクの修理とかやってるし…ってことで、ダイハツ自動車、浜田山営業所ってところに入ったのが、18歳の春。大して車に詳しくもないのに（笑）、横のつながりとタイミング、流れ。なんか、そんな感じで入ったんだよね。

　重要な決断って、案外そういう感じで決まることが多い気がして。

　とりあえず、どんどん自分で動いちゃって。現場に行っていい感じの出会いがあれば、その仕事を好きになっていくこともある。才能よりも人と運。それが大事だな～と。

56歳、夏。

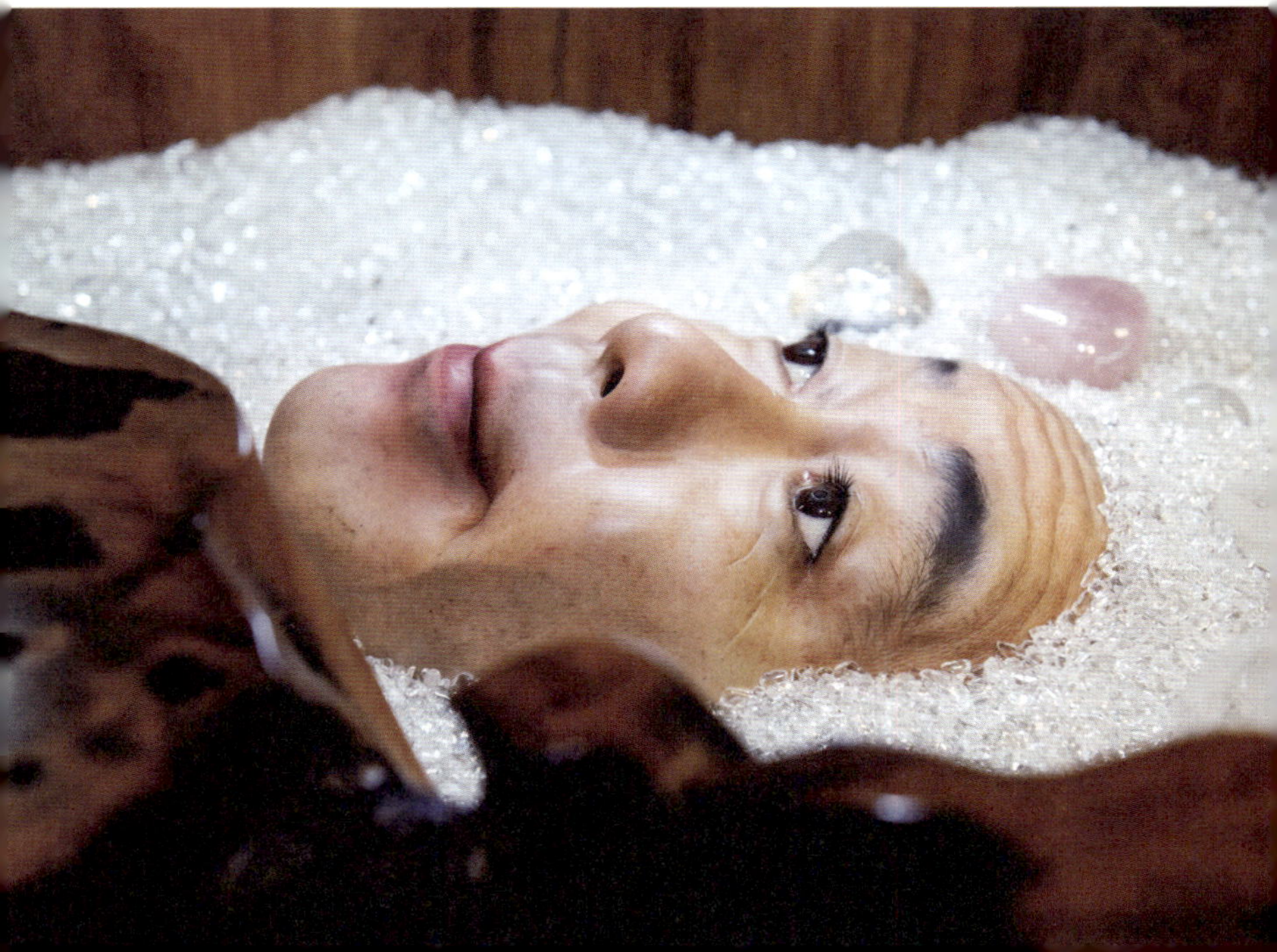

人と運

人と運。俺らの場合は、就職したてのころかな？　テレビに出る側、作る側、作家さん。いろんな人たちが集ってる店に行って。そこに、まだ『とびだせものまね大作戦』（1981年）に出る前の…テレビでものまねとかやってた時代のコンちゃん（Bro. KORN）がいて。

「あ、コンちゃんだ」って、ご一緒してたら「へ〜、サラリーマンになりたいんだ」みたいなことを言われ。「いいえ」って答えたら「じゃあ、大至急辞めるでしょ？」となり。「了解しました！」みたいな展開に（笑）。

で、仕事を辞めて。だから、とんねるずって、その時のコンちゃんの誘導がデカかった。そこで遊びも教わった。

それから、その店に毎晩のように入り浸るようになり。そのうち友達とか知り合いも増えてきて。「じゃあ、お前らこういうのやってみろ」って言ってくれるテレビ関係の人が出てきて。「ハイ、やります、やります」っていう。

出会いと人と運と、そこに至るまでのアクション。まずは、動け。そこにムダはない。動けばその先に何かがある…多分（笑）。ムダはムダじゃない。

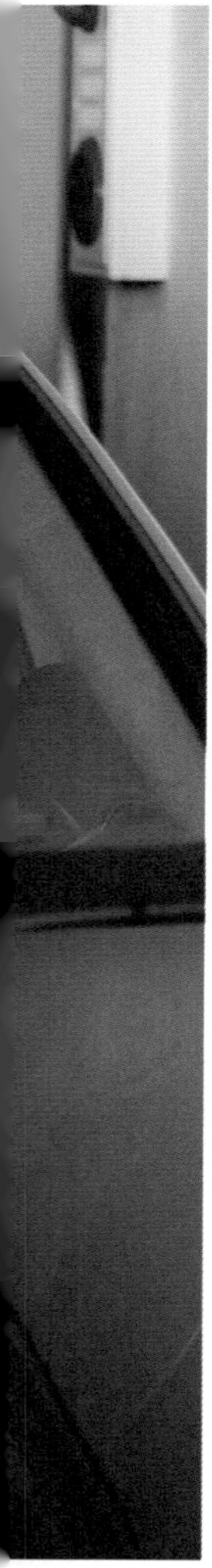

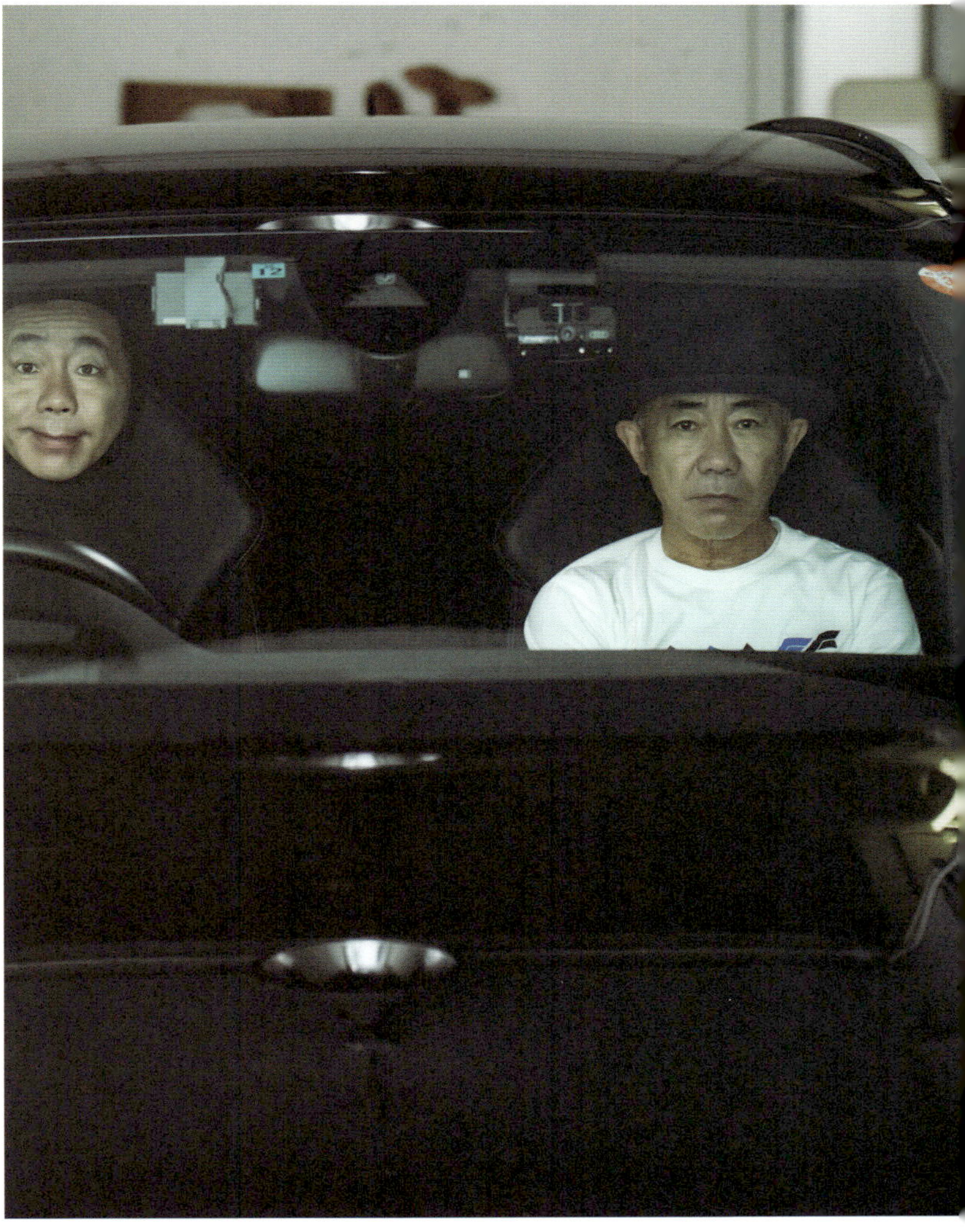

センス

センスを磨く。なんて言うけど、それって才能じゃなく、出会いとか経験、好奇心によって〝磨かれてく〟ものだと思うんだよね。特に、若いころ。カッコいい大人たちと出会い、ガツーンと刺激を受けて。じゃあ、どうすればあんな風になれるんだろう。モテるようになれるんだろうと。

品よくスマートに、丁寧に、大胆に、時にやさしく、いい感じに、笑う、笑わせる、コント、歌、洋服、車、家、デザイン、彼女、生活、スタイル、政治、反抗、食、嘘、真実、すり合わせ、価値、価値観…それすべてである。

「センスがセンスして、何が本当のセンス探し」。

免許

とんねるずとしてデビューして40年近く。最近よく言ってるフレーズが、「だって免許いらない仕事だから」。コメディアンに歌手、俳優、アート、「木梨サイクル」での洋服作り…と、かれこれ7~8種類の仕事をしてると思うんだけど、どれ一つ、免許がいらないんだよね。

「思い込む」だけ(笑)。この本作ってるチームにしても、カメラマンにライター、自分で「思い込む」だけでしょう?(笑)。免許も資格もいらない。思い込みがすべて。「今日から私、カメラマンです。ライターです」って名乗って、いい本を作ろうと。

自分で何かしら動いてく中で出会いがあり。「コイツ、面白そうだな」って、人が声を掛けてくれるわけで。だから、人に面白がられた方がいいよね。「面白さ」の基準は、見る人それぞれだとは思いますが、まず興味を持ってもらう。

私たちも歌手になろうなんて、さらさら思ってなかった。これも流れの中からの動き。そこから「そっかー、俺たち歌手なんだ」って思い込んでるうちに、紅白に出させてもらい(1996年『第47回NHK紅白歌合戦』に初出場)。音楽賞レースにもノミネートされて、いろんな賞をいただき。いつの間にかミュージシャン？

人生、思い込み。その気になる。感じ出す！　張り切る！　感謝する！

私たちその周りのセクションのプロたちに可愛がってもらったからこそ！　そのスタッフに免許をもらったのかも知れない。クサイけど、コレ本当！

強く願う

成美さんと知り合ったのは、彼女が19歳の時（1986年公開の映画『そろばんずく』で共演）。で、結婚して。そこから25年近く。長いよね～。

どうして結婚できたか？（笑）。うーん…俺がやったことといえば、強くお願いした！　自信満々にお願いした。

イヤだと言われても、結婚してもらった。知り合って30年が過ぎたけど、今もお願いだらけ。「強く願う」。

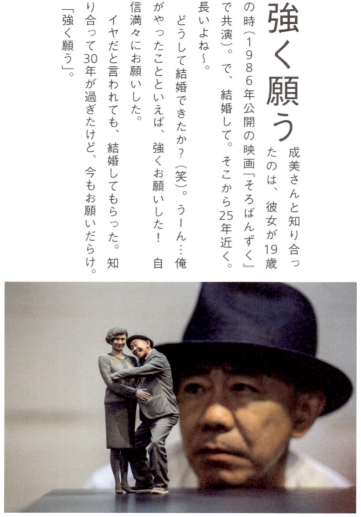

開けっぴろげ×付き合い

開けっぴろげにすると、楽だよ〜。それ以上ないんだから。オープンフェア。

そりゃあ、多少の演出、振る舞い。テレビに出る側として、身だしなみなり挨拶なり気を遣うところもありますが、最近は近所でもテレビに出ていても、ほとんど気を遣わないし、変わらない。自分の中で仕事と日常の境目がなくなってきちゃって。「気を遣わない」のもどうかなーとは思うんだけど(笑)、これぱっかりは仕方ないよね。そうなっちゃったんだから。その方が、お互いに楽チンだし。いいじゃない、楽。〝ラク〟って言うと何だけど、「楽しむ」って意味なんだから。

自分丸出し戦法!! マル出せば、人はわかってくれる。わかってくれる人はわかってくれる! わかってくれない人は置いていく。

悩み

毎日いろんな人から飲みのお誘いがくるから、身体がもたない。「悩み」を聞かれて、そう答えたら、「そんな悩みかい！」…ってツッコまれました、成美さんに（笑）。

大至急、帰ります!!

記憶

ここ最近は、帽子屋に靴屋、芸能の仲間、昔から世話になってる制作会社のディレクターに、あと仏壇屋、そして電気屋か…。似たような年齢の、変わり映えのしないメンバーが集まって、毎回ほぼ同じ話をしてる（笑）。

オジサンって何で同じ話ばっかするんだろう？　確認し合ってるのかな、自然と。それぞれの家族の動向や、仕事の話、健康の話、ハワイの話…薄らいでいく記憶を補完してるっていうか。それって人の本能なんだろうね（笑）。

言っても、記憶が薄らいでるからこそ、同じ話を繰り返しても平気なんだけど。その中で、次に向かうテーマが生まれるコトもある。いいぞ、俺たち。

あ、大至急帰ります!!

木梨家のナゾ「なぜだ？」

ポケットにケータイを入れていて、勝手に電話のボタン押しちゃってる時がある。それが橋爪功さんと市村正親さんに何度か掛かっている。なぜだ？

ポケットで勝手にメールのボタン押しちゃってる時がある。意味不明の文面を打って送っている。なぜだ？　でも気をつけようがない、フミヤ。

長女よ、朝「おはよう」と言わない？　なぜだ？

長女がすべてにおいて食い気味に否定する。なぜだ？

燃えるゴミを早めに出した朝。6時45分に成美さんが起きて来る。「おはよう」からの1日が始まる。

長女のお弁当作りがスタート。ぼんやりテーブルでお茶をすすりながら、アイコスを吸う俺。その瞬間、成美さんからのお言葉をいただく。

「まだゴミ入るのに、もう出したでしょ!」。

なぜだ?

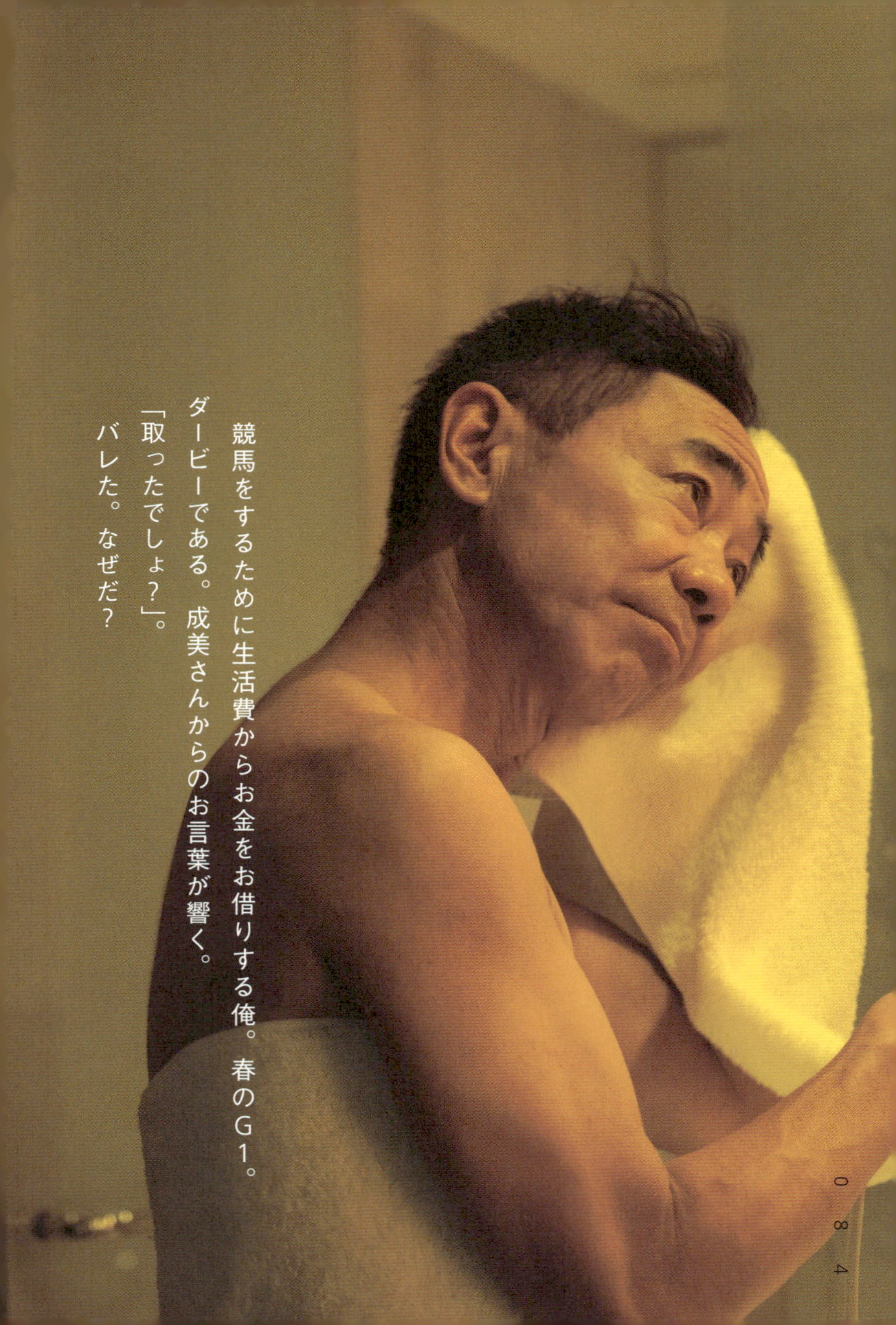

競馬をするために生活費からお金をお借りする俺。春のG1。
ダービーである。成美さんからのお言葉が響く。
「取ったでしょ？」。
バレた。なぜだ？

ある日、長女が言った。

「パパ、犬と同じ匂いがする」。

マジか！


次男がロンドン留学のため、私が同行することになった。やることは、銀行、学校、寮の手続き。次男はこう言った。

「パパ英語もしゃべれないし、ガチャガチャするから大丈夫」。

マジか！


長男は、スニーカーコレクター。雨の日、俺の靴を履く。

マジか！


夜、深い時間まで酒を飲み、帰宅する。夜中1時半。犬は横目でチラリと見るのみ。吠えない犬。

なぜだ？

ノリさんのハマりモノ

本コーナーは『メンズジョーカー』の連載の中から、加筆・修正を加えた上で再構成したものです。

STANDARD ITEM file.001

BRAND AWA

MODEL 151 RIGID

“サラ”で太いヤツ！ 1年中はいてるジーパン

ジーパンは、ずーっとストレート一辺倒。スタイリストの大久保篤志さんから教えてもらった〈AWA〉のW36L31が、ここ何年か定番になってて、ベルトをはめて腰骨にやっと引っ掛かってるくらいがラクちんでちょうどいい（※ちなみに写真のベルトは〈HTC×木梨サイクル〉のコラボ！　限定品につき絶版）。だから空港の検査でベルトをはずすと、すとんとズリ落ちちゃって。「Oho〜！」って言うと、向こうの職員もアメリカ流に大げさなリアクションを返してくれる…そんな毎度のやりとりが、ハワイに行く時の恒例になってます（笑）。

08年にスタート。岡山の工場で旧式力織機を使い作られた生地を使用し、ジッパーやリベットなど細部までこだわる、国内有数のアメカジブランド。ノリさんの俺の定番は、いわゆる〝大戦モデル〟をモチーフにした1本。

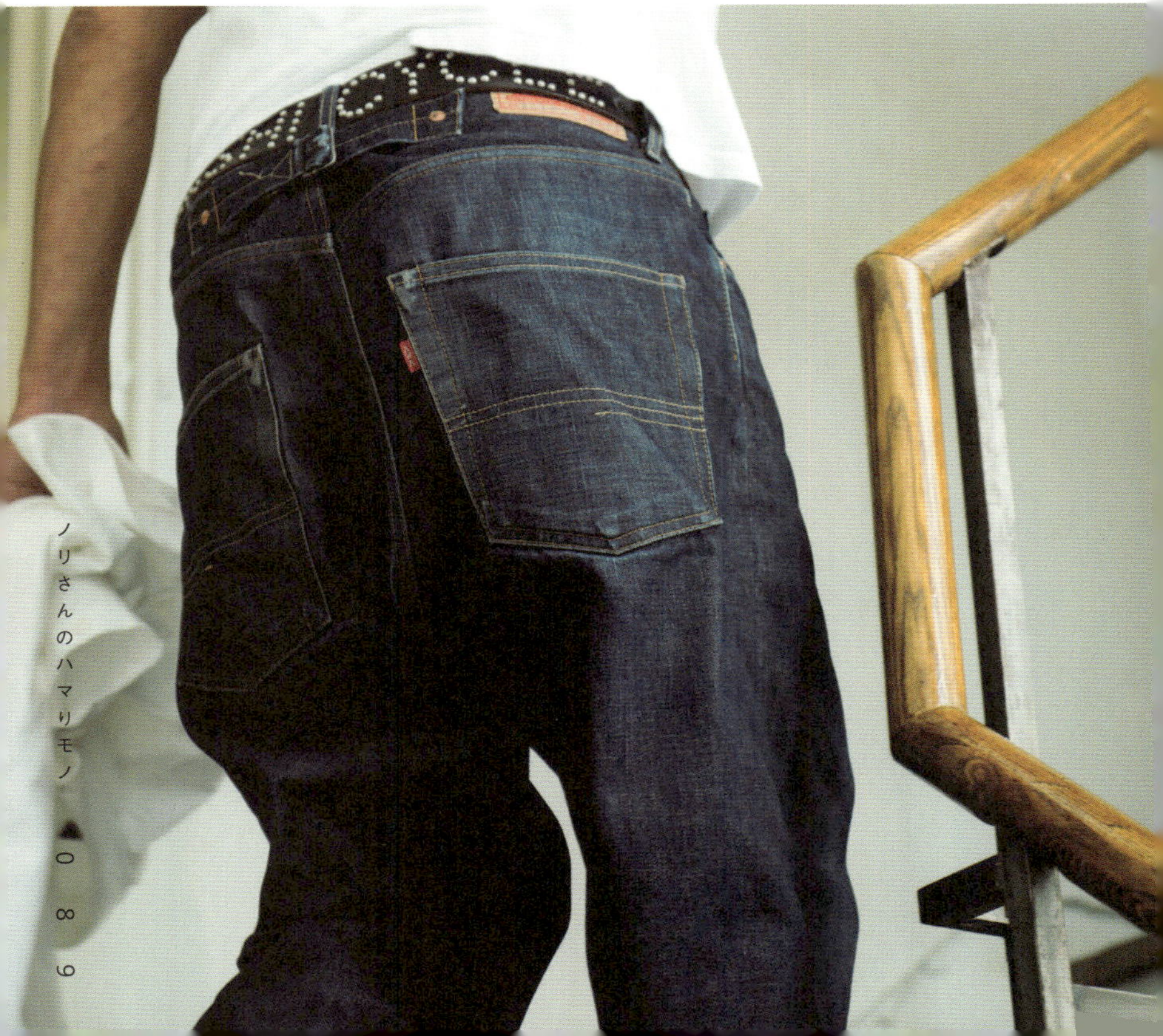

ジーパンは、短パンと同じくらい年中履いてるけど、こだわりは糊のきいている〝サラ〟のヤツを買うこと。あとはこの太さ、裾を切らないことくらいかな。買いたてをいい感じになるまで履き続けて、俺だけの1本にするのが好きなの。で、今のが同じ〈AWA〉の4代目。この〝サラ〟を何度か洗ったヤツがTシャツ、ちょい落ちがスーツ、ボロボロになると絵を描く時に汚れてもいい用とか、色落ち具合によって何となく履きわけてるね。

膝、太もも、足の付け根。ジーパンって、履いてくうちに自分のカタチになってくのがたまんないのよ。昔、早く色落ちをさせたいからヘアメイクの北くんに俺のを履かせてワイキキの海辺をほふく前進させたことがあったの、屈伸させたり（笑）。俺はメイクなんてほとんどしないから「ギャラぶん働いといて！」って。そうしたら仕上がりが違うんだ、俺のカタチと。体型も何も違うしで全然、しっくりこない。その時に学んだわけよ、ジーパンの奥深さを。あの時はムダな動きをさせてメンゴ、北くん！（笑）。

STANDARD ITEM file.002

BRAND The Stylist Japan×TENDERLOIN

MODEL デニム2Bジャケット

コレさえあれば全部OK ノリさん流ジャケット術？

ジャケットってのは便利なもんで、コレ1着あれば様になる、Gパン、Tシャツと並ぶ「俺のド定番」だね。3つ揃えば「もう安心！」ってくらい（笑）。どれくらい着てるかっていうと…1年中かな？　仕事の衣装に普段着、ちょっとしたパーティーなら、シャツを着ちゃえばOKだし。あとは帽子だとかネクタイのアレンジで、どこでも。スリーピースであれば、結婚式でも行っちゃうもんね。

大人になるとジャケット着用のレストランに行く機会もあるでしょうが、もう安心。昔はさ、短パンNGのレストランに膝まで下げて入って「ちょ、お客大久保篤志氏の夢を形にするブランド、ザ・スタイリストジャパンとテンダーロインによって作製された14・3オンスのデニムを使用。デニム生地特有の経年変化を楽しめる一着。同生地のパンツ、ベストもあり。

さん～！」なんて怒られたり。ゴルフ場はハイソックス着用なんだけど、普通の靴下を高めに上げる！　みたいなことをやってたもんな～（笑）。

あれ、何の話だっけ？　そう、今やジャケットは必需品ってこと。考えたら、中学に高校と、どっちもブレザーの制服だったから、もともと愛着があるのかも知れない。

ほとんどは〈ザ・スタイリストジャパン〉のヤツなんだけど、衣装だったのを気に入ったのを、そのまま買ったり、あとは…もらったり（笑）。数はね、そんなにはないかな。ラックがいっぱいになってきたら、あんま着ないのをどんどんあげちゃう。最近は、今着てるデニム地のモノとか、基本的にジャージ好きだから、ジャージ素材のヤツなんかがお気に入り。ハワイに行く時もシワを気にしないでいいし。ラク～で便利なんだ。

しかし若者は、オシャレにラクしないで攻撃的に勉強した方がいいよ。時間をかけてでも！

STANDARD ITEM file.003

BRAND エルメス

MODEL バーキン

使い込むほどに味が出る革カバンのようになりたい

古くなるほど絶妙な味を醸し出す——。それは…俺？　だったらうれしいけど（笑）、残念ながら革！　カバンに財布、あとはクツか。洋服にしろ何にしろ「自分が使って（着て）楽かどうか」がモノ選びの基準だから、カバンであれば〈木梨サイクル〉とコラボさせてもらってるおなじみの〈ポーター〉みたいなナイロン地の軽くて丈夫なヤツが好きなんですが、革モノはまた別だよね。使うほどににじみ出る味わい、そして佇まい。これがたまらない。

で、今回紹介するのが、『今から25年前、成美さんがスタイリストさんから「これ絶対、買っといた方がいいよ」と言われ買ったはいいが、女子にはちょっぴ

1984年、エルメスの第5代社長が航空機内で偶然、隣り合わせになった女優・ジェーン・バーキンが籐の籠に無造作に物を詰め込んでいる様子を見て、彼女のために何でも入れられるバッグを製作。ノリさんはいちばん大きいサイズ50を使用。

り大きさが余るってことで20年前にゆずってもらったカバン』…って、ネーミングがやたら長いか（笑）。こちら有名な〈エルメス〉のバーキンが「俺の皮のカバンのド定番」。

まず、最近は女子向けに小ぶりなサイズが主流になってるなか、デカくて何でも入るのがいいね。飴色だっけ？ テカりの出てきた独特の色もいい。ナイロンのカバンと同じようにガシガシ使っても平気なところは、さすが元馬具メーカー（※1837年に馬具工房として創業）。唯一、肩に掛からないのが残念ではあるけど、そんなのも気にならないくらいの使いっぷり。四半世紀が経ってキズも目立ってきたから、そろそろメンテしなきゃって思いつつ、ジジイになるまで「これも味！」って言い張って使っちゃうんだろうな～（笑）。

さて、俺がジジイになるのが先か、コイツがクタクタになるのが先か…？ どっちにしろ両方いい感じのヴィンテージになっていたいよね。

カバンと財布が大好きな、私としては。

BRAND スーパーカブ110カスタム

嗚呼、憧れの400cc 懐かしい原チャリの思い出

男の基地に好きなポスターとか貼る、クツなんかのコレクションを置く。その次の段階に来る〝並べモノ〟が単車だろうね。大して機械には詳しくはないのに工具入れをレイアウトして。なぜか万力とか。そいつを眺めながらブランデーを飲んじゃったり（笑）。かく言う俺も何事もカタチから入る主義なんで、そういうアメリカンな感じに憧れて、とんねるずになりたてのころかな？　中型免許を取ってみた。

ウチの自転車屋はその当時、単車も置いてて、最初に買ったのは50ccの原チャリ。そのころはお金がないし、中型は夢だったから、貴明も俺んちで買ったり

1958年に誕生したホンダF型（愛称：カブ）の流れを継ぐ「C100」シリーズに始まるスーパーカブ。2009年に同シリーズのデザインを継承し進化を遂げた。写真はロングシートやメーター回り、ライトなどの変更を施したノリタケ改。

して。渋滞でも時間が読めるしで2人で「わ、便利〜！」なんて言いながら、市ヶ谷にあった日本テレビとか、よく出かけてたよね。

最初は〈ホンダ〉ラッタッタ（ロードパル）や〈ヤマハ〉パッソルに始まり、『探偵物語』で松田優作さんが乗ってたベスパに憧れて。今も中古で同じヤツが出てると、それこそ眺めながら飲みて〜って、たぶん乗らないのに買いたくなっちゃう（笑）。その後も中型からビッグスクーターまで何台か乗ったものの、最近の単車は速すぎるんでね、おっかないから少し休んでるけど。

そういうのとは別にチョイ乗り用に買ったのが〈ホンダ〉のスーパーカブ。競馬やってたころは〝ヤっべ！　締め切りだ〟って場外馬券場まで飛ばしたり。腹が減った時はコンビニに急いだりしてた。「してた」…っていうのは、しばらく乗らないうちにバッテリーが上がってたのよ。万力とか言ってる場合じゃない（笑）。男子たる者、少しは機械もイジれるようになんなきゃね。

でも、このバイク、竹山にあげちゃった。新しいの買おう。気分変えるか。

BRAND 各種ゴルフ道具

大人の嗜みを学んだ…!?
ゴルフの段取りアレコレ

俺が30代だったころ…もうちょい前かな？　20代の半ばくらいで始めたのがゴルフ。テレビ局の偉い人や各方面の先輩たちに誘われ、ゴルフに競馬、草サッカー、あとお酒。一番忙しかった時期に、これが同時にスタートして、ゴルフだけは今もやり続けてる。そういう意味では、俺の趣味の定番。

当時は早朝ゴルフに行き、その合間に仕事をして（笑）。仕事が終わるとトゥインクルレースへと向かい、「今日もお疲れ〜」って酒を飲み…って毎日だったんだけど、ゴルフを含めた遊びから学んだことは多かったな〜。青木功さんやジャンボ尾崎さんに可愛がってもらったのも思い出だし、ある時ジャンボさん

ゴルフ歴30年近くになるノリさんのゴルフ道具。メーカーにはこだわりはなく「まずは憧れから。青木さん、ジャンボさんに始まりタイガー・ウッズとか、いろんなトッププロを真似て。その結果、道具じゃないってところに行き着いた（笑）」

ちで練習してたら飯合肇さんの高そうな外車にボールをぶつけたりして（笑）。そんな冷や冷やもありながら、諸先輩方には大人の嗜みを教わった…ような気がする。

あとクラブに始まり、グローブ、ウェア。自分の身の丈に合う道具を少しずつ揃えてく楽しみ。前のページでも何度か言ってる、カタチから入る。何かを集めるっていう俺の趣向は、ゴルフで完成されたかも知れない。で、結果「要は道具じゃない！」ってことがわかったのも成長だね（笑）。朝、先輩方を迎えに行き、飲みで終わる一連の段取りを覚えられたのも後々すごく役に立ったもの。

だから、若者が遊ばないなんて言われてる昨今ですが、何かやろうってこと。今じゃゴルフだけでも前日から調整をしなきゃなんないわけで（笑）、競馬も飲みも全部、1日でやってたころの体力がホント、懐かしいもんね～。そう思う前に何かしらやる。とりあえず、ゴルフから始めてみない？　最近流行ってるらしいから俺も〈ピン〉のクラブ買いに行くわ！　進歩なし!?　進化かも！

STANDARD ITEM file.006

BRAND サッポロ一番

毎日食べても飽きない ノリさん流、旨い即席麺

Tシャツにジーパン、帽子。この3つは俺が年中、身に付けてるまさに「ド定番！」なんだけど、もう1つ忘れちゃいけない大事なものがあったのよ。何だと思う？　実はこれ…（と、取り出す）〈サンヨー食品〉さんが世界に誇る即席ラーメン「サッポロ一番」！

作り方は…（なんと実践！）何個作る時でも1個ずつが基本。横着して大きな鍋でやっちゃダメね。別々な鍋に時間差で麺を入れ、ゆで時間から盛り付け、それらを計算しながらチャッチャと作る。で、熱いうちに食う。仕事でも何でも、男はこの段取りが上手いかどうかが問われるんだな〜。

1966年、全国のラーメンを食べ歩いた〈サンヨー食品〉の先代社長が札幌で運命的な出会いを果たし、その味をベースにしょうゆ味が誕生。種類ごとに麺が違うため「味によって自分なりの、いいゆで時間を見つけよう！」（ノリさん）。105円也。

そこにSBのコショウ（セレクトブラックペッパー／パウダー）を多めにドバっと入れて。コンビニで売ってるチャーシューに煮卵、刻みネギを乗せて。おにぎり…あれば塩むすびを添えたら〝俺定食〟の出来上がり！　塩味はごま油を少々。これもポイントね。ちょっと小腹が空いた時とか飲んだ後は、さっぱり味のネギラーメンにアレンジ。長ネギを包丁で丁寧に叩いて、余計な水分や苦みを飛ばす。そうすると風味が増して、いい感じに。

10〜20代の食えなかった時代のご馳走は、今食べても別格だもんね〜。我々の若い時代はファミレスとかそんなになかったから、夜中に外食をするといえば、もっぱら「吉野家」か「富士そば」で。今でも飲んだ帰りに「吉野家」に寄って牛丼に卵、みそ汁が揃って出てきた時の、あの喜びったら。きっと「サッポロ一番」もそういう存在なんだろうな。

今みたいにご馳走が食べられない時代の、最上級の食い物だったから、なーんか裏切れない。「その節は、どうもありがとうございました！」って。

BRAND ジャージ

ノリさん、究極の一着
ジャージ愛を語る

ジャージ。それは俺が最もくつろげる普段着であり、ジャージ素材のスーツを着ればフォーマルもイケる「ド定番！」なんだけど、定番というか、もはや離れらんない俺の究極の一着だね。その原点は、やっぱ帝京サッカー部。サッカーが上手い＝着こなしもカッコいい先輩に憧れ、高田馬場にあった〈アディダス〉専門の「グランプリ」や〈プーマ〉専門の「東スポ」ってスポーツ店に行って。あとはブラジル代表、そして帝京も着てた〈アスレタ〉とかを少ない小遣いをやりくりしながら買ってた。

で、大人になった今も『とんねるずのスポーツ王は俺だ!!』でゴン（中山雅史）

イギリス海峡のジャージィ島で作られたメリヤス生地のことで、洋服地に広く用いられ、同島の船員が着ていたが、伸縮性があり活動しやすいことから次第にラグビーやフットボールのウエアになっていったと言われている。

やヤット（遠藤保仁）と「ソックスをジャージの上に重ねる時、どう履くか？」みたいな話で盛り上がったり。みんなで「今ちゃん（今野泰幸）、ダセえな〜」とかイジったりして（笑）。「地区とか学校で違いがあるんだね〜！」なんてね。30年経ってもジャージの着こなしを追及してる（笑）。

海外に行くと古着屋さんを覗いては'70年代のレプリカとか物色して。（壁に掛かる襟付きの）コレなんかは'74年の西ドイツW杯でオランダ代表が着てたジャージで、「クライフは〈プーマ〉と契約してたから〈アディダス〉のマークがなかったなあ」とか夜、酒でも飲みつつ一人でニヤニヤするという（笑）。

ちなみに、この赤いヤツは選手権の決勝（'79年）で国立競技場の…ピッチじゃなくスタンドで応援してた時に着てた（笑）、ある意味レアな1着（※ノリさんは都大会まで出場！）。洋服だとかは、すぐに人にあげちゃったりするけど、なぜかジャージだけは大事に残ってるんだよなあ。たかがジャージ。されどジャージ。これからも〝ジャージ道〟を極めようっと。

STANDARD ITEM file.008

BRAND スカーフ

何だかんだで手放せない“巻き物”関係のハナシ

中途半端な季節に手放せないのが巻き物（スカーフ）。昼間はTシャツにプラスすると色味的にも寂しくないし、夜は首元にコイツがいるだけで暖かい。10年くらい前からかな？　東京は秋がなくなっちゃって。夏場はどこ行ってもクーラーがガンガンだし、いきなり冬になるしで着るものに困る、困る。何だかんだで3シーズン使ってる新定番だね。

ただ、シンプルなだけに選び方が難しいの。この本を読んでくれてる人はもうおわかりだと思いますが、Tシャツやパンツなんかと同じで「生地VS肌」に

ノリさんの愛用品は主に綿とカシミア。カシミア・ショールの歴史は18世紀と古いが、中でも本文にも登場する生まれたばかりのヤギの産毛で作られた〈シャートゥース〉はその軽さとしなやかさで絶品とされる。

なってくるから、まず肌触りね。あとデザインと色。大きすぎるとイヤらしく見えるし、小さいとタオルみたいになるしで（笑）、大きさも大事。俺の場合、帽子も被るからそのへんとのバランスもある。

で、10何年いろんなのを試して、行き着いたのが…「いいモノはいい！」ってこと（笑）。ここ最近よく使ってる巻き物のエースは〈ルイ・ヴィトン〉とか〈プラダ〉なんだけど、やっぱ生地が違うのよ。色味もデザインも凝ってる。けど、そのぶん値段は高い…。でも、冬は冬でジーパンの下に〈パタゴニア〉のももひきを履くくらいの超寒がりだし、とはいえ毛糸のマフラーは圧迫感もチクチクも苦手だから少々、値段が張るのも仕方ないか。

あとは〝シャートゥース〟。何でも生まれたてのヤギの、首のほんのわずかな部分からしか取れない毛で。しかも高い場所に住んでて取りに行くのが大変だから、それもあって値段も高いらしい。いや実際、高いんだけど！（笑）、もうふわっふわなんだコレが。巻き物ファンは一度、試してほしいな〜、あの肌触りを。

STANDARD ITEM file.009

BRAND コンビニ

オジサンならでは!? コンビニでのお買い物

かれこれ30年…40年近くになるのかな？　毎日のようにお世話になってきたコンビニ（セブン‐イレブン1号店の出店が'74年）。小腹が減ったり、絵を描く時のひきこもり用に買い出しに行くけど、長年通ってると大体、買うモノが決まってくるよね。

男子は特にそう。女子ってさ、ポテチひとつとっても「季節限定」とか目新しいのを買うじゃない？　でも男…特に我々オジサン世代は迷いなく〈カルビー〉うす塩味（'75年～）の一択だし。冒険してコンソメあたり（笑）。即席ラーメンも最近流行りのちょっと高級なヤツじゃなく、慣れ親しんだ昔ながらの味

「コンビニ」の定義が曖昧な時代だったため諸説あるが、先ごろ閉店した愛知のタックメイト（旧ココストア）藤山台店（71年7月）、北海道で展開するセイコーマート（71年8月）が日本初のコンビニと言われているそう。

を選んじゃう。

ほかにも、つまみなら〈雪印〉6Pチーズ（'54年〜）とか。口寂しい時には〈ロッテ〉のガーナチョコ（'64年〜）とかグリーンガム（'48年〜）。お菓子は〈明治〉のカール（'68年〜）に歌舞伎上げ、薬は〈池田模範堂〉のムヒ（'26年〜）に〈金冠堂〉のキンカン（'30年〜）、〈大塚製薬〉のオロナインH軟膏（'53年〜）。それさえあればOK。その安心感たるや！

こんなにスラスラ出てくるなんて、我ながら進歩がないな〜と思いつつ（笑）、まー、仕方がない。オジサンだもん。

そんなオジサンのために、オジサン専用コンビニでも作っちゃおうか。おにぎりも梅とおかか、鮭、たらこくらいで。弁当は、のり弁。ついでにシジミの錠剤とかアミノバイタルとか、オジサン向けの健康食品も置こう。歳のせいか深酒すると次の日が厳しいし、寝れば足がツっちゃうし（笑）、この2つは今から先の必需品！　案外イケる気がするんですが、どうかな？

STANDARD ITEM file.010
BRAND

ノリさん流の大人の遊び（ギャンブル編）

コレだからやめらんない40〜50代の正しい遊び方

20代は、競馬以外にも競艇に競輪、オートレースと何かしらの遊びを嗜んでて。唯一、麻雀だけは時間がかかるから手を出さず。正月に徹マンならぬ徹ポン（徹夜ポンジャン）をやるくらい。パチンコも一時は負けたら銀行→パチンコ→銀行の残高がなくなったら馴染みの駄菓子屋のおばちゃんにお金を借りて、また…みたいな、ダメ〜な感じ。

30代になると海外ロケ終わりのカジノか。ラスベガスとかエンドレスのところでは飯食わない、ショー見ない、部屋帰んないで延々やって。オーストラリアでは全部使い果たしてヒロミに持って来てもらったこともあった。東京から

「何人かでお金を出し合ってやるんだけど、居酒屋で予想してる時が一番楽しい。いい大人たちが真剣に。連帯責任だから、負けた日の帰り道、みんなで気持ちを上げようとムリに元気ぶってる感じも部活みたいでよし（笑）」

（笑）。ホテルの部屋のドアが開いてヒロミが顔を覗かせた時は涙したな〜。「お金貸して〜」って（笑）。

で、40〜50代。そこから新聞でもレース予想をやってる競馬に絞り、20〜30代の失敗や経験を糧に始めた遊びが「会費制」。例えば5人で競馬場に行って、全員勝つことはまずないよね？　だから最初にいくらかずつ出し合うの。これが不思議と自分ひとりのお金のように思えるんだな。そうすると大金を出した気になってるから勝ち負けに関わらずやめ時もシビアになるし、一致団結した応援ができる。前日のミーティング兼飲み会も盛り上がるしでいいことづくし。しばらくすると隠れてコソッと買うヤツが現われ始め、人間関係に亀裂が生じることがあるものの（笑）、それもまた勉強。みなさんもどうですか？　こんな遊び方。ワクワクする、大人の遠足。

まーとにかく、気をつけることは自分の小遣いの範囲で!!　やりすぎのパンクはアカンで!!!　楽しむ範囲、趣味の範囲やでー、ホンマ!!

STANDARD ITEM file.011

BRAND ケルヒャー 高圧洗浄機

キレイになる上に楽しい大人の秘密兵器を発見

家の壁や窓はもちろん、塀に溝、クルマ。水でジャブジャブ洗える季節がやってきたんで、買っちゃった！　新発売の高圧洗浄機。前も同じ〈ケルヒャー〉って掃除用具メーカーの小さいヤツを持ってたんだけど、コイツはその三代目。竹ボウキでは、枯れ葉やゴミはイケても塀にこびりついたコケやサッシの溝やシャッターに溜まった泥、ホイールキャップの汚れまではさすがに落ちない。で、やむを得ず科学のパワーに頼ってみたワケ（笑）。

いざ使ってみると、やっぱ違うよね〜。手品みたいに汚れが落ちちゃう。メーカーさんの回し者じゃないよ？（笑）、ホント、ホント。水圧がすごすぎて、下

ドイツ発、高圧洗浄機のパイオニアが放つ商品「K5 サイレントカー＆ホームキット」。水冷式モーターを採用し驚異の静音性を。テラスクリーナーと洗浄剤のホームキット、フォームノズルと回転ブラシのカーキット付き。

手すると網戸が持ってかれたり、窓枠の塗装とかクルマのワックスまでハゲちゃうから要注意なんですが、そこはジェットノズルと広角ノズルを使いわけつつ、水量を調整しながらやればOK。とにかく、気持ちいいから！　汚れがガンガン落ちてく喜びがたまんない。竹ボウキとはまた違った快感があるんだ。

これまではガソリンスタンドで、お兄ちゃんが「僕がやりますよ」って言ってんのに「俺にやらせて！」って高圧洗浄機を使わせてもらってたところ、家にいながらにして楽しめるのもうれしい限り。夢中になりすぎて、家の前の歩道をビューってやりながら「私は一体どこまでやればいいんでしょう？」みたいな（笑）、困ったことになったりもしながらも日々、掃除にいそしんでる。値段の方はちょっとばっかし張るけど、キレイになる上にめちゃくちゃ楽しい大人の秘密兵器。みなさんも一家に一台どう？

※後に『みなさんのおかげでした』で掃除軍団シリーズに。全体的に苔みたいな〝味〟までブッ放しちゃうこともあったんで、気をつけて！

STANDARD ITEM file.012

BRAND 貝づくし&シウマイ弁当

貝好きなノリさんが選ぶ新幹線のお弁当

何を隠そう大の貝好き。どれくらい好きかって言うと、『とんねるずのみなさんのおかげでした』では「ぶらり途中下車の貝」ってコーナーをやってたくらいで、毎日食べても全然、大丈夫。（ノリさんの父）作三さんが自転車屋をやる前は漁師だったから血筋もあるんでしょうが、我ながらあきれるくらい好きだよね。

で、そんな俺がロケだとか〈木梨サイクル〉の打ち合わせやなんかで新幹線を使う時に必ず買う「ド定番」がこちら、品川名物「貝づくし弁当」。

まずパッケージを開けて驚くのは、その見た目ね！　ハマグリ、しじみ、あ

昔から海と密接な関係にあった品川にちなんだ貝を主役にした味わいの深い貝めしと、昭和29年に誕生したシウマイ弁当。「貝づくしは『みなさん』でも紹介。シウマイは『いぬやしき』の撮影で差し入れを」（ノリさん）。

さりに貝柱…東京湾で獲れる貝の数々はビジュアル的にもキレイだし、これが箱にビッシリと敷き詰められてるから、お値段以上に得した気分にもなれるのよ。味もグンバツよ。関東風味の甘めの炊き上がりで、お酒にも合う、合う。

聞けば、駅弁の大会か何か（総菜デリカ・中食・外食業界専門の展示会「ファベックス2017」内で開催された「総菜・べんとうグランプリ」）で金賞を受賞したそう。これが食べたいがために遠方でも飛行機ではなく新幹線を使い、前日から腹の調子を整え、食べる順番をシミュレーションして…毎回それくらいやっちゃうのも、うなずける逸品ってわけね。

まー、旨すぎるあまり品川の次の新横浜では食べ終わっちゃうんだけど、そういう時は横浜名物のおなじみ〈崎陽軒〉の「シウマイ弁当」を追加すれば問題なし。なんなら贅沢に「貝づくし弁当」とダブルでいっちゃう？　ほかにも、最近の弁当は本当に旨～い！　季節もちょうどいいし、こんな話してるとどっか旅に行きたくなってくるね。

BRAND 俺の趣味

まずは自分が楽しむ もはや仕事を超えた趣味

２０１７年５月26～28日に東京は恵比寿ザ・ガーデンホールで開催した「お客様参加型ライブパーティー 木梨憲武と感じだしましョー！」。金、土日３回のみの公演で、放送しない。ＤＶＤにもしない。記憶にしか残さない。まず俺が楽しみ、なおかつお客さんも楽しんでくれたらいいな～くらいな感じの、ライブというか俺の趣味（笑）。お客さんにはフォーマルな恰好でのご来場をお願いしたんだけど、いや～楽しかったね。

ご夫婦にカップル、友達、顔なじみで来たのにドレスに蝶ネクタイだから、帰りはいつもと違う店で、違うご飯を食べ、カッコよく酒を飲み。来てくれた

5年ぶりとなるノリさんのソロライブ「木梨憲武と感じだしまショーー!」。豪華ミュージシャンをバックに、お客さんも参加する歌ありコント? ありの爆笑ライブを展開。藤井フミヤ、水谷豊、指原莉乃ほかゲストも話題。

人はおわかりでしょうが、無性にラーメンが食べたくなって、その恰好でラーメン屋さんに入ったり（※ライブでは矢野顕子さんの名曲『ラーメンたべたい』をノリさん流にアレンジ）。ここまでに何回か提案した〝オトナの遊び方〟を、みなさん実践してくれたと聞いてうれしかった。ライブはいいよ、うん。

とはいえ仲間でバンドとかやってるならまだしも、ライブ＝趣味にはなかなかできないよね？　でも大丈夫よ！　場所はどこでもいいんだから。

俺なんかこの間も近所の居酒屋で飯でも食おうと思ったら「今日お客がいないから貸切っていいよ」と言われ、そこから参加者を探して。結果コロッケ、さまぁ～ず、ヒロミにフミヤなんかが来てくれて。それぞれの演目？　をやる、みたいな（笑）。

要は、俺のライブに遊びに来てくれたお客さんとかゲストと同じで誰とやるか。楽しめるかが大事！　最初は着る物を限定するとかでもいいじゃん。みんなもオシャレしてライブパーティーを始めてみない？

STANDARD ITEM file.014

BRAND パワーストーン

近所のオジサン界隈で流行お守り代わりの石

みんな石に興味ある？　俺は最近、気になり始めたんだけど、アメシストとか…ほら、会社の玄関だとか親戚んちの床の間に飾ってある紫色のヤツね。それを深く眠りたいときなんかに使ってるんですが、これがなかなか面白いんだよね。石そのままなのか、ブレスレットなのか。その時々で使いわけつつ、そば殻みたいに枕に細かーい石を入れたり。お守りの代わりに持ち歩いたり。値段もモノにはよるものの、せいぜい何千円と安いから、仲間内のオジサン界隈でも微妙～に流行ってきてる（笑）。

もともとは、昔から成美さんが石系が大好きで、彼女がずっと気になるって

「仏壇のさかた」さんでいただいた『パワーストーンの教科書』（新星出版社刊）によれば、アメシストは「無色透明の水晶が微量の鉄イオンの影響を受け誕生する」石で、主に浄化作用があるそう。男性の購入客も多いとか。

言ってた近所の仏具屋さんに入ったのがきっかけ。聞けば、これが奥が深いのよ。石ごとにいろいろ効果に違いがあるらしく、毎回お茶をいただきながら、店の人の話を聞いてる次第。ものすごーく透明度の高い水晶なんかは、それこそ千万単位で、昔の大スターの方々はそういうのを買ってたとか。小っちゃいヤツは1粒数百円代だから、子どもたちが買ってって、理科の標本感覚で集めてるとか。話の振り幅も面白いの（笑）。

変な方向にいっちゃって怪しいオジサンになるのは何だけど、歳も歳だし、お守りと同じで安らぐぶんには、年相応な「俺のド定番」…候補かな（笑）。若い人であれば、時計にいかない人は、石ってのもアリかもよ？　女子は宝石からの石…みたいな流れがよくあるみたいだから「何それ～？」なんてウケるかも（笑）。どう？　こんなふうに人とは絶対カブらない大人の楽しみ。

飲み会で「私、趣味で石を集めていまして」とか「屋久杉の仏壇買おうよ」とか、「最新の墓石知ってる？」とか。ジジイ全開で盛り上がったりして（笑）。

STANDARD ITEM file.015

BRAND 木梨サイクル
オリジナル自転車

作三さんに学んだ モノ作りのおもしろさ

東京は祖師ケ谷大蔵商店街で56年間続くウチの家業であり（1961年、世田谷区千歳台の商店街でオープン）、生まれてからずーっとそばにあるのが、〝チャリ〟。

そんな環境の中で育ったせいか、自転車を「買う」という感覚がないまま大人になりまして。昔は木梨サイクルの前に何十台と捨てる自転車が置いてあったんですが、その中から作三さんが使える部品を選んで「こんなんでいいんじゃねえか？」なんて、作ったオリジナル自転車が最初の一台だったから（笑）、今でも新品がなーんかしっくりこない。

「木梨サイクルに若いスタッフがいるんだけど、作三さんに負けず劣らずカスタム好きで。色を塗ったり、ツールドフランスに出られるようないい部品をママチャリに付けたり（笑）。コレはその中の一台」（ノリさん）

ポンコツの寄せ集めだからこその、奇跡のオリジナル自転車が歴代ではたくさんあって。高校の時に作ってもらったペダルを逆回転させると後輪が止まるコースターブレーキの自転車とか。ほかにも、ドロップハンドルを上向きに付けてもらった自転車とかね（笑）。そのへんが思い出の「俺の一台」。

だから駅前で「ちょっと君、君～」なんて、おまわりさんによく呼び止められてね。「木梨の息子です。親父が作りました」って言うと、「そうか。じゃあ気をつけて」みたいなこともしばしば。作三さんの、地元での信用には大いに助けられた。

思えば、今アートだとか〈木梨サイクル〉でのモノ作りをやってるのも、木梨家の血なのかな…って。

そういえば、昔のＢＯＸ型のテレビをくり抜いて、そこに棚をつけて。自作の家具も作ってくれたな～、作三さん。

さあ、私は何を作ろうかな？

STANDARD ITEM file.016

BRAND そばとうどん

天ぷらに板わさで一杯
憧れだった大人の休日

ジジイになるにつれて、昼は「そば」か「うどん」になってくるね。それこそ昔は〝どっち派〟みたいな話をしてたものの、今やどっちでもいいよ～くらいのゆる～い感じで。コシも、もはやあってもなくてもいい（笑）。

我々の年齢になると、優しい～味ならそれでいいの。特に二日酔いの日は。いろいろこだわってるお店の人には申し訳ないけど、麺うんぬんより出汁の味を求めるようになるんだろうね。

ファミレスとかあんまなかった10代のころは「そばの増田屋（老舗ののれん店）と富士そばさえあれば何もいらない」って感じで、毎日ざるそば大盛にカツ丼

「行きつけはUDON BUZEN 麻布十番さん。生ハムうどんなんて変り種もあって旨いの。肴の品が多い上にワインもあるからついつい飲んじゃうご近所の定番店。ジジイになると全部、近くで済ませちゃう（笑）」（ノリさん）。

やらカレーやら付けて食べてたところを、それが週一うどん、週二そばくらいの頻度になり、メニューの方もきつね、たぬき、月見…のレギュラーになってきて。

で、そんな中、ここ最近見つけたのが、ご近所にあるうどん屋さんの定番、ごぼう天うどん。天ぷらじゃちょっと重い…なんて時にピッタリだし、夜は夜でコイツに塩で軽～く一杯やっちゃったりなんかして。

昼間っから天ぷらに板わさ、出し巻きで飲んで…ってカタチは昔から憧れてた〝大人の休日の過ごし方〟なんですが、55歳くらいになったら自然とやってました、ハイ。

背伸びしなくてもやるようになるのよ。またそれが超楽しい。

だから、この本を読んでる読者諸君も、ジジイになることを恐れるなかれ。案外楽しいよ～、50代。

さあ一回、寝たし。夜は刺身？　それともイタメシ？（笑）。

BRAND 油性ペン ハイマッキー

四半世紀のお付き合い
アートを生み出す1本

何かとお世話になりすぎて、〈木梨サイクル〉もコラボしたことのある〈ＺＥＢＲＡ〉ハイマッキー、油性マーカー。その昔『とんねるずの生でダラダラいかせて!!』内でやってた木梨憲太郎企画のころから作品に使ってて。当時フランスで描いた絵（憲太郎／セーヌ川）が今も擦れずに残ってるっていう、まさにキング・オブ・油性ペン！

6月のロンドンから始まる個展（木梨憲武展　Ｔｉｍｉｎｇ—瞬間の光り—）用にも、マッキーの細い方で描いた作品があるし（写真は制作中。ＮＨＫ『あ

１９７６年の発売。40年間愛されるロングセラー。現在では当たり前だが、発売当初は1本で太細両方使える油性マーカーは稀。デザインやロゴはほぼ変わらない。１５０円也。写真は木梨サイクルとのコラボ商品。

さイチ』出演時にお披露目)。かれこれ25年の付き合いになるかな? いつの間にやら文房具のド定番になったよね。ほかに木梨サイクルがコラボした文房具といえば、懐かしの〈Bic〉3色ボールペンとか、競馬の予想で使ってた〈ぺんてる〉サインペン…便利でオシャレな新しい文房具が出てきても、〝指なじみ〟っていうの? 使い慣れた1本を手にしちゃうから不思議。

他にもフタを閉める時の「カチッ」って感触が欲しい時に買う(笑)、〈三菱鉛筆〉プロッキーに、なーんか無性に塗り潰したい時に使う〝?〟マークでおなじみ〈寺西化学〉のマジックインキ、極太とか。何だかんだで離れられない文房具は多い。

あと手に取ると何かしら描きたくなっちゃうんだよね~。年末には京都にある〝車屋さん〟の車(smart)にペイントさせてもらったり。ほとんどペンキだったんですが、NHKBSで放送された『木梨文化使節団 キューバへ行く!』でも昔のアメ車に絵を描いたり。所かまわず落書きしてた子ども時代に戻ちゃうんだろうな~、きっと。NEW文房具って、ちょっとアガル!

STANDARD ITEM file.018

BRAND ジジイの定番

加齢を受け入れ楽しむ！男子50歳からの新提案

私、56歳になりまして。最近思うのが「いかにジジイを楽しむか？」。おばさんは元気じゃない？　体も気持ちも。ところがおじさんはそうはいかない。どんだけ若ぶっても鍛えてもジジイ化する…と言いますか。女の人と比べて、気力や体力でカバーできなくなるのが早い早い。俺も50歳を過ぎたころかなー、途端ムリが利かなくなってきて。ムリすると、ムリを取り返すためのムリをしなきゃなんなくなってきた（笑）。

40代のころは、薬とサプリをケースに入れて持ち歩く。飲むとすぐ眠くなる。結果、早起きになる。起きたら起きたで便所に直行する。そんなジジイを見て

「これは定番品というか、ジジイに起こるいろんな現象ごと楽しむ世の中の定番になって欲しいって感じかな。『いぬやしき』で演じた犬屋敷さんのようなジジイでも、何やかんやで楽しいねって思えるような」（ノリさん）。

いて「いやいやいや、俺は関係ないでしょ」と思ってたら、やってきたもんね〜。この間も夕方の5時半から飲み始め、6時半には眠くなり。寝てると足裏がツッちゃうからアミノ酸を飲み。夜中1時には目が覚めて便所に…みたいな。

で、考えたのが、ジジイによるジジイのための番組（笑）。よくある更年期障害をどうにかして若返ろう…って番組じゃなく、ジジイになることを受け入れて、それごと楽しんじゃうような前向きな番組がいいよね。例によって、同世代から別にムリしてないのにジジイ化を感じさせない諸先輩方までしゃべりたがりな飲み仲間を招いて、時に「あるあるシリーズ！」って盛り上がり、時に「足裏がツッちゃう？ まだまだだね〜、ノリちゃん。俺なんか…」なんて（笑）。そしてサプリとか便利グッズとか「ジジイのド定番」情報を交換し合うのもいいかもしれない。

来る高齢化社会。若い人に「案外ジジイって楽しそう」と思われる、そんなジジイ番組でも始めるか。あっ、オシッコ出ちゃった!!

あとがき

ここまでいろいろ読んでもらいましたが、

最後に言いたいのは「自分に置き換える。」

言っても人それぞれだから。

私の言う事が自分に当てはまるとは限らないから〜!!

だから、とりあえずはムードだけつかんで!!

自分流に変換してみて!!

それでも何か?わからない事あったら、成美さんに聞いてみて!

成美さんが言う事、大体、合ってるから!

答え、知ってるから〜!

直接聞かないでよ!

私をとおして。

私、やる事なくなっちゃうから!!

木梨憲武

REACH OUT
LOVE
タイミング
そうじ ゴミたし
変換
PEACE
怒らない
信頼
ついてる!
リンキオーヘン
大体
平気
水まき
愛
バランス
仲間
余白
感謝
ファミリー
ArT
性
幸運・運
形から
無限
ゴーベイビー
楽しむべッ
友
アイデア
神様
REACH OUT
アレンジ
確認
TV
余白
アクション
リズム
反省
健康
ベース
ALOHA
スマイル
MAHALO
睡眠
マニュアル
シミュレーション
イメージ
時間
感じだして
自由演技
睡眠
出会い
喜び
モチベーション モチャ
美しく
伝える
アレンジ
ご指示
PEACE & MAHALO!!
段取り
いい1日になりますよーに!!
センス
みんな楽しく。
強く願う
YOU!
成美さん
ありがとう
LOVE & ALOHA
Noritake . K

木梨憲武 きなし・のりたけ

1962年3月9日生まれ。東京都出身。帝京高校の同級生・石橋貴明ととんねるずを結成。若者のカリスマ的な存在となり、今も絶大な影響を与え続ける。主演映画『いぬやしき』が公開され、2018年6月に「木梨憲武展—moment—」をロンドンで、そして2018年7月より約二年間をかけて日本全国14ヵ所を巡る「木梨憲武展—Timing—瞬間の光り—」を開催！

木梨憲武《きなしのりたけ》って!?

2018年7月25日　初版第1刷発行
2018年9月10日　初版第3刷発行

著者　木梨憲武《きなしのりたけ》
発行者　塚原浩和
発行所　KKベストセラーズ
〒170-8457 東京都豊島区南大塚2-29-7
電話03-5976-9121（代表）
http://www.kk-bestsellers.com/
印刷所　近代美術株式会社
製本所　ナショナル製本協同組合
写真　杉田裕一
構成　橋本達典
ブックデザイン　鈴木成一デザイン室

定価はカバーに表示してあります。
乱丁、落丁本がございましたら、お取り替えいたします。

ISBN 978-4-584-13889-2 C0076